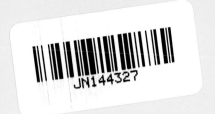

留学生のための
ケースで学ぶ日本語

問題発見解決能力を伸ばす

宮﨑七湖 編著

江後千香子・武一美・田中敦子・中山由佳・村上まさみ 著

本書について

本書は、中級から上級レベルの留学生が、身近な問題について、クラスメートや教員と話し合いながら、問題発見解決能力を育成することを目指した教材です。また、ケースを読む、ケースについて討論する、小レポートを書くといった活動を通して、日本語の運用力を伸ばすこともできるでしょう。

本書で扱うケースは、留学生にとって身近であり、かつ、考える意義があるという基準で作成・選択したものです。これらのケースは、必ずしも留学生に限定的に起こる問題ばかりではありません。生活上の問題、友人間で起こる問題、アルバイトや大学生活で起こる問題、進学や就職の悩みなど、留学生でなくても、また、どこの国であっても共通に起こる悩みや問題が含まれています。

身近なケースが物語の形式で書かれていていることは、本書の非常に重要な特徴です。なぜなら、留学生は「自分だったらこのように考え、このように行動するだろう」とケースの中の主人公に自分を置き換えて、主体的に考えることができるからです。

私は、これまで本書に掲載されているケースを使って留学生に対する日本語の授業を行ってきました。留学生からは「Ａさん（ケースの主人公）は私です」、「私もＡさんと同じことで悩んでいます」といった反応が得られています。また、グループ討論においても全体討論においても積極的に意見が出され、議論が白熱することもしばしばです。この経験から「身近なケース」について考え、話し合う活動は、学生の思考を活性化させ、学生に自分の意見を他者に伝えたい、そして、他者の意見を聞きたい、また、意見を言うことでグループやクラスに貢献したいと思わせる方法として有効であると実感しています。

ケースを使った授業を行って、もう一つ驚かされることは、留学生から出される意見の多様性です。教員としてある程度、どのような意見や観点が出されるかを予想して授業に臨んでいますが、まったく気づかなかった観点や論点が出されることもあります。人によってこれほど感じ方や考え方が違うのかと改めて考えさせられます。

この多様性への気づきは、本書が目指す「問題発見解決能力」の育成に必要な学びの一つであると考えています。ですから、本書を使った授業では学生に、少数派の意見も躊躇せずに表明してほしいこと、一つの「正解」を求めることが活動の目的ではないこと、それぞれが他者との討論を通じて自分の答えを考えることが重要であることを充分に説明するように心がけています。また、教師は一参加者として参加し、「正解」として自分の意見を述べないことも重要だと考えています。

本書のケースを使った活動は、留学生が主体的に考え、かつ、協働的に学ぶ機会を提供することができます。この活動が留学生の問題発見解決能力、ならびに、日本語運用力の育成にお役に立てれば、うれしく思います。

2016年3月4日

宮崎七湖

もくじ

第1章　暮らし

第2章　友だち

第3章　アルバイト

第4章　大学生活

第5章　将来と仕事

教師用手引き

1. カリキュラムやコースに応じたケース教材の使い方

ケースを使った授業の実施方法は、教育機関のカリキュラムやコースによっていろいろ考えられます。以下にいくつかの使い方を挙げてみます。

・すでに決められているコースの授業の話す活動として利用する。
・数週間にわたって継続的にケース教材を使う授業を行う。
・時間が余ったときにケース教材を使ったディスカッション活動をする。
・教科書（読解）で扱うテーマのブレーンストーミングとして使う。
・ディスカッションやディベートなどの導入用読み物として使う。

2. ケース教材の構成

ケース教材は、以下のような構成になっています。

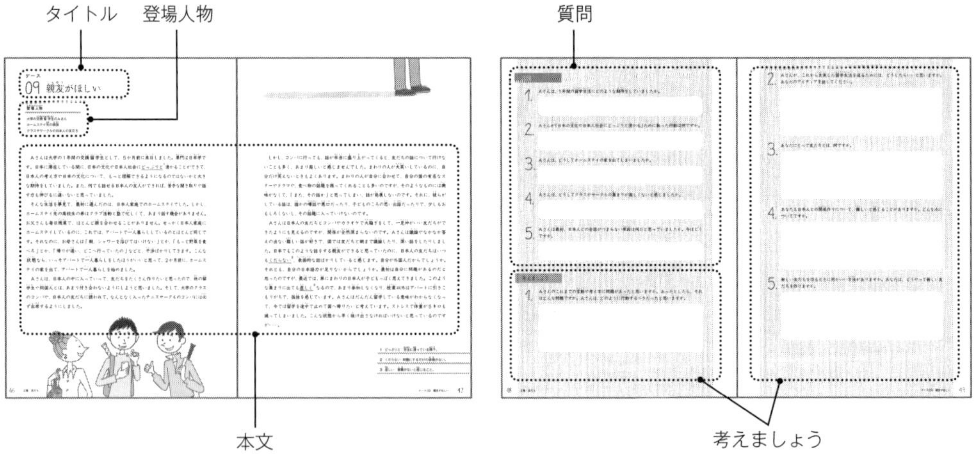

「質問」は、ケース本文の内容の理解を確認するための質問です。
「考えましょう」は、ケースの分析、討論を促すための質問です。

3. ケース教材の授業：90分の組み立て

それぞれの教育機関や授業での使い方、学生の日本語習熟度によって目標設定は多少異なると思いますが、中上級から上級の学習者を対象に1コマ90分の授業を行う場合の授業の組み立ての一例を以下に示します。

※なお、以下の例では宿題として事前にケース教材を読んでくることが前提となっていますが、ケース教材を読む時間を授業内で取ることも可能です。

授業の目標

ケースを読み、複数の解決方法を見出し、その場や状況に合った自分の解決方法を柔軟に選択する力を育成すること、また、自己の考えや主張を他者にわかりやすく説明するための表現力を育成すること。

授業の進め方

	学習者がすること	参照するもの	だれが	どこで
1	ケース本文を読む。	ケース本文	自分で	宿題
2	「質問」に答える。	本文・質問		
3	内容理解を確認するため、学習者間で「質問」への答えを照らし合わせる（5～10分）。	本文・質問	小グループ（3～4人）で	教室
4	問題の分析をして解決方法を話し合う（40分）。	考えましょう		
5	4で話し合われたことを共有し、さらに分析する。解決方法を話し合う（40分）。	小グループにおける話し合い	クラス全体で	
6	「小レポート」を作成する。5の話し合いで共有した様々な異なる考え方や異なる立場からの意見をもとに、再考し、自分の意見を書く。	クラス全体における話し合い	自分で	宿題

6の「小レポート」には、(1) 問題の分析、(2) 解決方法、(3) 教室活動を通して学んだことや考えたこと、などを書かせます。正解はないことを充分に説明することと、(1) と (2) に関しては、自分の考えとその結論に至った理由がきちんと書いてあること、(3) には、話し合った内容や話し合い自体から学んだこと、考えたことが自分の問題として書かれていることが重要です。また、言語的な学び（言葉や表現、言い方など）が意識できるように、(4) この活動を通して新しく学んだ言葉や表現、これから使ってみたい言葉や表現を書く欄があってもいいでしょう。「小レポート」のサンプルを巻末に載せていますので、参考にしてください。

4. ケース教材を使用した授業で教師がすること

ケース教材を使用した授業では、それぞれの価値観や考え方を出し合うこと、そしてそれを聞いた上で、自分自身の立場や考え方を論理的に言えるようになることが大事です。そこで、授業の中で教師は様々な形で学習者に働きかけます。様々な角度・視点から考えさせるために新しい切り口を示したり、表現内容を深めるために発言者を言語面でサポートしたりします。また、他の人の意見を聞いて理解する・自分の意見を日本語で伝えるためには、表現形式へのサポートも欠くことはできません。したがって、教師は表現内容・表現形式の両面から、その場その場で適切な働きかけを注意深く行う必要があります。この働きかけの一例を、前述の授業の進め方の時間軸に沿って、説明します。

学習者がすること	教師がすること
宿題として読んできたケースの内容を確認する	人物設定、時系列に述べられているケースの内容や背景について全ての学習者が理解できているかを観察しながら、必要であれば補足説明を加える
グループで問題の分析をし、解決方法を話し合う	各グループの話し合いの様子を観察し、必要なサポートを行う。例えば、何を話したらいいのか戸惑っているグループには話し合いを促す。また、話し合いがあっさり終わってしまったグループには、どのような分析をしたのか説明させ、学習者が気づかなかった点を考えさせるための質問をしたり、自分の経験を思い出させたりする
各グループで話し合ったことを、クラス全体で、発表する	各グループの発表を聞いて、内容や表現の不明瞭な部分についてやりとりし、明確になったことを板書して、整理する
クラス全体で問題を分析し、解決方法を話し合う	問題の原因は何か、誰に、どこに、問題があるのかについて自由に話させる。学習者の発言がわかりにくくて伝わらない場合は、教師がサポートしながら伝わる表現にする。また、適宜、板書などを使って学習者の意見を整理して全体に示す。問題と解決策の整合性を求めながら、学習者の発言を論理的に一貫性のあるものへと導く
小レポート作成	小レポートへのコメントと添削

5. コースとしてケース教材を使用する場合

ケース教材を使った授業を１つのコースとして何週間かにわたって行う場合の進め方をここではご紹介します。

基本的に１回の授業で１つのケースを使用します。各クラスの学習者の経験やレベル、またクラスの目的に応じてケース教材の中から適切なものを選択します。ケース教材を使った授業で、問題発見・解決を目的とする話し合いを継続して行うことによって、学習者同士、あるいは学習者と教師間の信頼関係が深まり、学習者がより積極的に参加することが期待できます。また、重ねて活動を行うことによって、自分とクラスメート双方の理解がより深まり、他者の意見や価値観を受け入れる姿勢が養われ、自己の価値観を問いなおす契機を見出したり、価値観の変容にまで至る場合もあるでしょう。

発展的な活動として、何週間か経って学習者が慣れたころに、自分のケースを書く活動を入れることもできます。学習者が書いたケースは、本人の許可があれば、ケース教材として授業で使うこともできます。本人の意思や時間の都合でケース教材として授業で扱えない場合でも、教師がコメントをして返却することによって、学習者は現実的な問題とその解決方法に関する意見を受け取ることができます。自分のケースを書く活動の詳細については次節をご参照ください。

6. 発展的な活動：自分のケースを書く

自分のケースを書く活動には次の二つの意義があると考えています。(1) ケースを書くことが、自分が直面した、あるいは、直面している問題や自分自身を客観的に振り返る機会となる。(2) 自分が直面した、あるいは、直面している現実の問題についてクラスメートや教師からの客観的な意見を得る機会となる。

自分のケースを書く活動は具体的に次の三つのステップで行います。

導入

グループ内で自身の体験を語り合う活動を通して、複数のエピソードを思い出し、どれを自分のケースとして書くか選択します。自分のケースがどうしても思いつかないという学習者や、自分のことは書きたくないという学習者の場合は、家族や友人のエピソードでもいいことにします。エピソードを選んだら、いつ、どこで、誰が、何をして、どのような問題が発生したのかをワークシートに書き込み、ケースを書く準備をし、実際にケースを書く作業は宿題にします。

提出

宿題として書いてきたケースを提出してもらいます。提出する際に、ケースの登場人物名を全て匿名にし、誰が書いたか特定できる情報を削除した上で、ケース教材としてクラス討論に用いることの可否を学習者に表明してもらい（以下のように選択式にするといいでしょう）、署名をしてもらいます。

1. ケース教材としてぜひクラスで討論したい
2. ケース教材としてクラスで討論してもよい
3. ケース教材としてクラスで討論したくない

討論

教師は、上記の回答、クラスの人数、ケースの内容を見て、クラス討論で用いるケースを選択し、書き手を特定できる情報を削除した上で、ワープロで清書し、クラスに配布、グループ・クラス討論を行います。クラスで討論しなかったものも含め、すべてのケース教材には、教員の問題分析と解決方法のコメントを付け、本人に返却します。

7. 学習者に適切なケース教材を作成する

ケース教材を使用して授業をしてみると、ご自身が担当するクラスの学習者に合わせて、こんなケースがあったらいい、こんな問題について話し合ってみたいと考えるようになると思います。そのような場合は、ぜひ新たなケース教材を作成してみてください。ケース教材を用いた授業では、学習者が問題の当事者の立場に立って、感情移入をして考えることが、思考の活性化や活発な討論につながります。ですから、使用するケース教材が、学習者にとって身近で現実味のあることが重要です。この点において、学習者自身が作成したケース教材は、優れたケース教材になり得るでしょう。ケース教材を使う授業は、新たなケース教材が生まれる可能性に満ちあふれています。

第1章　暮らし

ケース

01 上下関係《じょうげかんけい》

登場人物《とうじょうじんぶつ》

留学生《りゅうがくせい》のAさん
アパートの上の部屋《へや》の住人《じゅうにん》Bさん
アパートの大家《おおや》

留学生《りゅうがくせい》のAさんの悩《なや》みは先輩《せんぱい》と後輩《こうはい》、上司《じょうし》と部下《ぶか》といった「上下関係《じょうげかんけい》」ではありません。Aさんは大学の近くの2階建《かいだ》てのアパートに住んでいます。Aさんの部屋《へや》は1階《かい》にあり、Aさんの部屋《へや》の真上《まうえ》には男子《だんし》大学生Bさんが住んでいます。Bさんはいつもにこにこしていて、とても親《した》しみやすく見えます。Aさんが外国人だと知ると、会ったときはいつもAさんの国の言葉《ことば》で「こんにちは」とあいさつしてくれるようになりました。

しかし、最近《さいきん》AさんはBさんのことで悩《なや》んでいます。Bさんはそれまでは静《しず》かに生活《せいかつ》していたので、何の問題もなかったのですが、最近《さいきん》午前1時ぐらいに帰宅《きたく》するようになりました。帰宅後《きたくご》シャワーを浴《あ》びたり、電話で話したりするので、Aさんは寝《ね》ていても目が覚《さ》めてしまうのです。最初《さいしょ》は「気にしない、気にしない」と自分に言い聞かせて我慢《がまん》していました。しかし、毎日のように2時ごろまでうるさいので、Aさんは寝不足《ねぶそく》になってしまいました。一度アパートの入り口で、ばったりBさんに会ったときに「Bさん、このごろ忙《いそが》しいようですね」と言ってみました。夜の騒音《そうおん》のことを言われているとBさんが気づいてくれるかと思ったのです。しかし、これはまったく効果《こうか》がありませんでした。

しかたなく、大家《おおや》さんに相談《そうだん》することにしました。大家《おおや》さんがBさんに注意してくれると期待《きたい》しました。ところが、大家《おおや》さんは「壁《かべ》が薄《うす》いからねえ……」とすまなそうに言い、Bさんに注意をしてくれそうもありませんでした。その後もBさんの帰りは遅《おそ》く、上の部屋《へや》から毎晩《まいばん》、音や声《こえ》が聞こえてきます。やはり大家《おおや》さんはBさんに注意してくれなかったようです。

AさんはBさんに直接文句《ちょくせつもんく》を言おうかどうか悩《なや》んでいます。Bさんには好感《こうかん》を持っているので、Bさんとの関係を悪くしたくないと思っています。それに、Aさん自身《じしん》もシャワーの音は騒音《そうおん》とは言えないとも思っています。しかし、毎日の睡眠《すいみん》に支障《ししょう》が出ているのも事実《じじつ》です。寝不足《ねぶそく》が続《つづ》くのは体力的《たいりょくてき》にも精神的《せいしんてき》にも辛《つら》いものです。Aさんはどうしたらいいのでしょうか。

質問

1. Aさんの悩《なや》みは何ですか。

2. 大家《おおや》さんはBさんに、騒音《そうおん》について注意をしてくれましたか。

3. Aさんは、どうしてBさんに直接文句《ちょくせつもんく》が言えないのでしょう。

考えましょう

1. あなたがAさんの立場《たちば》だったら、どうすると思いますか。それは、どうしてですか。

2. 大家《おおや》さんは、どうしてBさんに注意してくれなかったのだと思いますか。

3. あなたはAさんと同じような経験《けいけん》をしたことがありますか。そのとき、どうしましたか。

4. Aさんが Bさんや大家《おおや》さんに働《はたら》きかける場合《ばあい》、どのように話したらいいでしょうか。

ケース

02 どうして掃除《そうじ》してくれないの？

登場人物《とうじょうじんぶつ》

留学生《りゅうがくせい》のAさん

AさんのルームメイトのBさん

寮長《りょうちょう》

Aさんは１年間《ねんかん》の交換留学《こうかんりゅうがく》のために来日《らいにち》しました。自分でアパートを借りると、礼金《れいきん》[1]や敷金《しききん》[2]がかかりますし、家具《かぐ》やふとんを買わなければなりません。また、電気や水道やインターネット・プロバイダーとの契約《けいやく》も自分でしなければなりません。Aさんはいろいろ考えて、大学が紹介《しょうかい》する学生寮《りょう》に住むことにしました。経済的《けいざいてき》な理由《りゆう》もあり、Aさんは、二人部屋《べや》に住むことになりました。

寮《りょう》に入って２週間ぐらいは、まだルームメイトが来日《らいにち》していなかったので、一人で快適《かいてき》に過《す》ごしましたが、２週間後《ご》にルームメイトのBさんが引《ひ》っ越《こ》してきました。二人で部屋《へや》やバスルームやトイレを共有《きょうゆう》するわけです。AさんはBさんに迷惑《めいわく》をかけないよう気を使って、部屋《へや》をなるべく汚《よご》さないようにし、掃除《そうじ》も毎日するようにしました。

１か月が経《た》ちましたが、Bさんは部屋《へや》や流《なが》しを汚《よご》しても、まったく片《かた》づけも掃除《そうじ》もしようとしないのです。そこでAさんは遠慮《えんりょ》しながらも、Bさんに片《かた》づけや掃除《そうじ》をしてほしいと言いました。Bさんは「わかった」と言いましたが、その後《ご》も事態《じたい》はいっこうに改善《かいぜん》しませんでした。AさんはBさんが汚《よご》したトイレや、シャワーの排水口《はいすいこう》につまった髪《かみ》の毛《け》を取《と》りながら、なぜ自分《じぶん》ばかりがこんなに汚《きたな》い仕事《しごと》をしなければならないのか納得《なっとく》がいきませんでした。

あるときAさんは、汚《きたな》くなっても掃除《そうじ》をしないで、そのまま放《ほう》っておけば、Bさんがしかたなく掃除《そうじ》をするかもしれないと思いました。汚《きたな》いのは嫌《いや》ですが、しばらく我慢《がまん》していました。ある日、寮《りょう》の部屋《へや》に帰ると、Bさんが「トイレが汚《きたな》いんだけど、どうしたらいいのかな」と言うのです。Aさんは「Bさんが汚したんでしょう」と言って放《ほう》っておきました。また、Bさんは食べ終わったお皿《さら》やグラスを、次《つぎ》に使うときまで洗《あら》わないでそのまま置《お》いておくので、あるときは、食べ終わったお弁当《べんとう》の容器《ようき》が1週間そのまま放置《ほうち》され、臭《にお》っていたこともありました。Aさんは結局《けっきょく》、耐《た》えられなくなって、片《かた》づけや掃除《そうじ》をしてしまいました。

その後《ご》も、状況《じょうきょう》は改善《かいぜん》しなかったので、AさんはたびたびBさんに文句《もんく》を言いました。しかし、Aさんが片《かた》づけや掃除《そうじ》をしてくれと文句《もんく》を言ったあとには、Bさんは決《き》まって三日間ぐらいAさんを無視《むし》するのです。毎日、狭《せま》い部屋《へや》で顔《かお》を合《あ》わせなければなりませんから、文句《もんく》もあまり言いたくありませんでした。

我慢《がまん》ができなくなったAさんは、寮長《りょうちょう》さんに相談《そうだん》しました。寮長《りょうちょう》さんは、「いま空いている部屋《へや》がないし、1年ぐらいは空く予定《よてい》もないから我慢《がまん》してくれ」と言いました。Aさんはあきらめて、自分のベッドや机《つくえ》のまわりだけをきれいに掃除《そうじ》して、我慢《がまん》しています。大学での留学生活《りゅうがくせいかつ》は楽しくて充実《じゅうじつ》しているのですが……。Aさんはあと9か月間、このまま我慢《がまん》し続《つづ》けるしか方法《ほうほう》はないのでしょうか。

1 礼金《れいきん》：家やアパートを借りるときに家賃《やちん》とは別に大家《おおや》に払《はら》うお金。

2 敷金《しききん》：家やアパートを借りるときに払《はら》うお金。家賃《やちん》を払《はら》わなかったときや、借家《しゃくや》を出るときに、修理《しゅうり》が必要《ひつよう》になった場合《ばあい》に、このお金から払《はら》う。

質問

1. Ａさんはどうして寮《りょう》の二人部屋《へや》に住むことにしましたか。

2. ＡさんはＢさんが寮《りょう》に入ってから、どんなことに気をつけましたか。

3. ＡさんはＢさんに掃除《そうじ》をさせるために、どんなことをしましたか。

考えましょう

1. Ａさんのこれまでの言動《げんどう》に問題があったと思いますか。あったとしたら、それはどんな問題ですか。Ａさんは、どのように行動《こうどう》するべきだったと思いますか。

2. ＡさんとＢさんは、それぞれどんな人だと思いますか。

3. Bさんは、どうして掃除《そうじ》をしないと思いますか。

4. Aさんは、これからどうしたらいいと思いますか。あなたがAさんの立場《たちば》だったら、どうしますか。

5. あなたもAさんと同じような経験《けいけん》をしたことがありますか。

ケース

03 アパートの大家《おおや》さんとのトラブル

登場人物《とうじょうじんぶつ》

留学生《りゅうがくせい》のAさん
アパートの大家《おおや》

Aさんは、大学に入るために日本に来た留学生《りゅうがくせい》です。初《はじ》めての留学《りゅうがく》、そして、初《はじ》めての一人暮《ひとりぐ》らしの経験《けいけん》です。わくわくすると同時《どうじ》に、不安《ふあん》もありました。あこがれの東京《とうきょう》に来《き》て、アパートも決まり、日本語学校の授業《じゅぎょう》も始まりました。最初《さいしょ》は東京《とうきょう》での新しい生活《せいかつ》が楽しくてしょうがなかったのですが、しばらくすると、だんだんさびしさが募《つの》って[1]きました。ホームシックです。

そんなときに声《こえ》をかけてくれたのが、アパートの大家《おおや》さんでした。大家《おおや》さんは70歳《さい》ぐらいのおばあさんです。大家《おおや》さんは、Aさんの国に興味《きょうみ》があるらしく、Aさんの国の言葉《ことば》を勉強しています。それで、道で会うと、片言《かたこと》ですが、Aさんの国の言葉《ことば》であいさつをしてくることもありました。Aさんがそれに応《こた》えると、とてもうれしそうにしていました。大家《おおや》さんは1年前にご主人を亡《な》くしたばかりで、さびしかったのでしょう。Aさんは1週間に1回《かい》ぐらい大家《おおや》さんの家に呼《よ》ばれて、いっしょにお茶を飲みながら話したり、ご飯をご馳走《ちそう》してもらったりするようになりました。そして、日本がまだ貧《まず》しかったときの話を聞いたり、亡《な》くなったご主人の思《おも》い出話《でばなし》を聞いたりしました。Aさんは日本人の友だちがいなかったので、日本語を話す練習《れんしゅう》ができるし、日本人の考え方や文化《ぶんか》を教えてもらえるし、いい大家《おおや》さんでよかったと思っていました。Aさんは大好《だいす》きな国の祖母《そぼ》を大家《おおや》さんに重《かさ》ねていました。

半年《はんとし》ぐらい経《た》つと、Ａさんはアルバイトを始め、同年代《どうねんだい》の日本人の友だちもできました。毎日が充実《じゅうじつ》し、生活《せいかつ》もどんどん忙《いそが》しくなってきました。大家《おおや》さんはあいかわらず「お茶でも飲んでいきなさい」とか、「ちょっと上《あ》がっていかないか」と誘《さそ》ってくれるのですが、だんだん大家《おおや》さんと話すのがうっとうしくなってきました。最初《さいしょ》は大家《おおや》さんとの会話も楽しかったのですが、いつも同じ話をするので、「またその話か」と思うようになりました。同年代の友だちができた今では、大家《おおや》さんと話すのが楽しいと思わなくなったのです。それで、なるべく大家《おおや》さんと顔《かお》を合《あ》わせないようにしたり、大家《おおや》さんが訪《たず》ねて来たときに、居留守《いるす》[2]を使ったりすることもありました。

来日《らいにち》10か月目ぐらいのことです。郵便《ゆうびん》ポストに大家《おおや》さんからの手紙が入っていました。その手紙には、アパートの契約《けいやく》の更新《こうしん》をしないので、２か月後にアパートを出て行ってほしいと書いてありました。Ａさんは、契約《けいやく》を更新《こうしん》できると思っていたので、びっくりしてしまいました。あわてて、大家《おおや》さんの家に話をしに行きましたが、大家《おおや》さんは「契約《けいやく》を更新《こうしん》しない」「出て行ってくれ」と言うばかりです。新しく家を借りるのにはお金がかかりますし、今のアパートは学校にもバイト先《さき》にも近くて、家賃《やちん》も安く、とても気《き》に入《い》っているので、引《ひ》っ越《こ》したくありません。Ａさんは困《こま》ってしまいました。

1　募《つの》る：その気持ちや感情《かんじょう》がどんどん強くなる。

2　居留守《いるす》：家にいるのに、いないふりをすること。

質問

1. 最初《さいしょ》、Aさんは大家《おおや》さんのことをどう思っていましたか。

2. Aさんと大家《おおや》さんの関係《かんけい》はどのように変《か》わっていきましたか。それはどうしてですか。

3. 大家《おおや》さんは、Aさんにどんな手紙を出しましたか。

4. Aさんは、どうして引《ひ》っ越《こ》したくないと思っていますか。

考えましょう

1. Aさんのこれまでの言動《げんどう》に問題があったと思いますか。あったとしたら、それはどんな問題ですか。

2. Aさんは、これからどうすればいいと思いますか。

3. あなたもAさんと同じような経験《けいけん》をしたことがありますか。

ケース

04 期待《きたい》はずれのホームステイ

登場人物《とうじょうじんぶつ》

留学生《りゅうがくせい》のＡさん
ホームステイ先《さき》の家族

Ａさんが１年間《ねんかん》の交換留学《こうかんりゅうがく》プログラムの留学生《りゅうがくせい》として日本に来て６か月が経《た》ちます。今はホームステイをしていて、ホストファミリーは 両親《りょうしん》と長男《ちょうなん》（19歳《さい》）、長女《ちょうじょ》（17歳《さい》）、次男《じなん》（11歳《さい》）の５人家族です。

Ａさんは、日本のアニメやビデオゲームをきっかけに日本文化《ぶんか》に興味《きょうみ》を持ち、日本に行ってみたいと考えるようになりました。交換留学《こうかんりゅうがく》が決《き》まると、Ａさんは迷《まよ》わずホームステイに申《もう》し込《こ》みました。ホームステイは、日本の伝統的《でんとうてき》な生活《せいかつ》が経験《けいけん》できるし、日本語でたくさん会話《かいわ》をして日本人の考《かんが》え方《かた》が学《まな》べると考えたからです。ですから、自分と年が近い子どもがいる家族がホストファミリーに決《き》まったとき、Ａさんは本当《ほんとう》に運《うん》がいいと喜《よろこ》びました。

しかし、日本での生活《せいかつ》が始まると、家族はみんな忙《いそが》しくて、家族同士《どうし》が話す機会《きかい》も少ないことがわかりました。お父さんは、朝早く家を出て深夜《しんや》まで帰りません。出張《しゅっちょう》で家にいない日も多いです。たまにＡさんと話すときは、必《かなら》ず英語を使います。お母さんもフルタイムで働《はたら》いていて、いつも忙《いそが》しそうです。長男《ちょうなん》と長女《ちょうじょ》は、アルバイトや友だちとの約束《やくそく》で、あまり家にいません。それに、話しかけてもなかなか会話が続《つづ》きません。次男《じなん》だけはよく声《こえ》をかけてきます。Ａさんは、初《はじ》めはうれしかったのですが、11歳《さい》の子どもの相手《あいて》をして遊《あそ》ぶのがだんだん面倒《めんどう》くさくなってきました。Ａさんは同世代《どうせだい》の長男《ちょうなん》・長女《ちょうじょ》と互《たが》いに語《かた》り合《あ》うことを楽しみにしていたので、かなりがっかりしました。

今、Ａさんにとって、ホームステイの楽しみは、ときどきお母さんと日本語で会話をすることだけです。一度、皿洗《さらあら》いを手伝《てつだ》ったら、お母さんは心《こころ》から喜《よろこ》んでくれました。それから、夕食《ゆうしょく》のあとは、お母さんとおしゃべりをしながら皿洗《さらあら》いをしています。お母さんは明るく、楽しい人ですが、人生《じんせい》や社会問題については興味《きょうみ》を示《しめ》しません。一度、そういう話題《わだい》を話したら、「Ａさんは、まじめね。私は難《むずか》しいことはあまり考えないから、よくわからないわ。あははは」と笑《わら》われてしまいました。

最近《さいきん》、Aさんは、こんなはずではなかったと思うようになりました。この家の人はみんな親切だし、門限《もんげん》を始め食事やシャワーなどの面倒《めんどう》なルールもないし、干渉《かんしょう》されることもないので、ストレスはありません。けれども、この家では日本人の考《かんが》え方《かた》や文化《ぶんか》を学《まな》んでいると感《かん》じられるような会話を経験《けいけん》したことがないのです。今の状況《じょうきょう》ではホームステイを選《えら》んだ目的《もくてき》は達成《たっせい》できないでしょう。それなら、ここでのホームステイをやめ、残《のこ》りの留学生生活《りゅうがくせいせいかつ》は一人暮《ひとりぐ》らしをしてみたほうが有意義《ゆういぎ》ではないでしょうか。

仲良《なかよ》くなったお母さんは、Aさんをとても信頼《しんらい》してくれるようになりました。昨日《きのう》も、お母さんから、Aさんとおしゃべりするのが楽しみだと言われました。そんなお母さんの顔《かお》を見ると、この家から引《ひ》っ越《こ》したいと言えずに、Aさんは悩《なや》んでいます。

質問

1. Aさんは、どんなプログラムで日本に来ましたか。あとどのぐらい日本にいますか。

2. Aさんがホームステイを選《えら》んだ目的《もくてき》は何ですか。

3. Aさんは、ホストファミリーとどんなことをしたいと思っていましたか。また、それは実際《じっさい》にできましたか。

4. Aさんがホームステイ先《さき》で気《き》に入っていることは何ですか。

考えましょう

1. あなたはホームステイの経験《けいけん》がありますか。ホームステイをしてみたいですか。それはどうしてですか。

2. あなたは、Aさんのホームステイの家族についてどう思いますか。

3. あなたがAさんの立場《たちば》だったら、この家でのホームステイを続《つづ》けますか。それとも引《ひ》っ越《こ》しますか。それはなぜですか。

4. Aさんから相談《そうだん》を受《う》けたら、あなたはどのようなアドバイスをしますか。

ケース
05 おせっかいな伯母《おば》さん

登場人物《とうじょうじんぶつ》

交換留学生《こうかんりゅうがくせい》のAさん
Aさんの伯父《おじ》さん、伯母《おば》さん

Aさんはついにずっとあこがれていた日本留学《りゅうがく》をすることになりました。Aさんの両親《りょうしん》はAさんのことを心配《しんぱい》して、一人で留学《りゅうがく》させることをなかなか許《ゆる》してくれませんでした。あきらめずに両親《りょうしん》に何度《なんど》もお願《ねが》いした結果《けっか》、お母さんのお兄さん、つまりAさんの伯父《おじ》さんの家に住むことを条件《じょうけん》に1年間の日本留学《りゅうがく》を許《ゆる》してくれたのです。初《はじ》めての外国での生活《せいかつ》は、Aさんも一人では心細《こころぼそ》いので、伯父《おじ》さんの家に住めることになって安心だと思いました。伯父《おじ》さんは日本人と結婚《けっこん》して、もう30年以上日本に住んでいます。息子《むすこ》さんは去年就職《しゅうしょく》して一人暮《ひとりぐ》らしを始めたので、今は伯母《おば》さんと二人暮《ふたりぐ》らしで、ちょうど部屋《へや》も空いていました。伯父《おじ》さんは「どうせ空いている部屋《へや》だから」と言って、家賃《やちん》をただにしてくれて、Aさんは伯父《おじ》さんに少しの生活費《せいかつひ》を払《はら》うだけでいいことになりました。Aさんの家は、経済的《けいざいてき》にそれほど余裕《よゆう》があるというわけではなかったので、これも両親《りょうしん》が留学《りゅうがく》を許可《きょか》してくれた理由《りゆう》でした。

しかし、伯父《おじ》さんの家に住み始めてみて、Aさんはいろいろ面倒《めんどう》だと感《かん》じています。伯母《おば》さんは、Aさんに日本語や日本文化《ぶんか》をしっかり教え込《こ》まなければならないと思っているらしく、茶碗《ちゃわん》の持ち方や箸《はし》の使い方までうるさく注意してきます。まるで、小さい子どもをしつけている母親《ははおや》のようなのです。さらに、何かと「私はあなたをご両親《りょうしん》からお預《あず》かりしているんだから、責任《せきにん》があるのよ」と言って、いろいろなことに干渉《かんしょう》してくるのです。

例《たと》えば、新歓《しんかん》[1]コンパで遅《おそ》くなったときに、サークルの先輩《せんぱい》が家まで送ってくれたことがありました。次《つぎ》の朝、「彼氏《かれし》ができたの？　あの人ずいぶん派手《はで》な髪型《かみがた》と格好《かっこう》をしていたけど、ちゃんとした人なの？」などと言ってくるのです。「ただの先輩《せんぱい》です」と答えながら、どうしてそんなことまで言われなきゃならないのかと思いました。胸《むね》の開いたショッキングピンクのシャツを着ていて「そんなに胸《むね》の開いた派手《はで》なシャツを着ていると、安《やす》っぽい女の子だと思われるわよ」と言われ、わざわざ着替《きが》えさせられたこともありました。

伯父《おじ》さんの家に住み始めて３か月が過《す》ぎたある夜、家に帰るとＡさんの部屋《へや》がきれいに片《かた》づけられていました。伯母《おば》さんは「Ａちゃんの部屋《へや》、あんまり汚《きたな》かったから掃除《そうじ》しておいたわ」と言うのです。また、「机《つくえ》の上を片《かた》づけていて、見ちゃったんだけど、日本語のテストの点《てん》、ひどすぎない？」と、まるで小学生《しょうがくせい》を叱《しか》る親のようなことを言うのです。さらに、「Ａちゃん、クラブになんか行っているからこんな点取《てんと》るのよ」と言って、机《つくえ》の中に入れておいたクラブの会員《かいいん》カードを出したのです。Ａさんは、伯母《おば》さんが勝手《かって》に部屋《へや》に入って、机《つくえ》の上や中のものを見たことが許《ゆる》せませんでした。親でもそんなことはしないのに、親でもない伯母《おば》さんがどうしてそんなことをするのでしょうか。Ａさんはプライバシーが侵《おか》されたと感《かん》じ、「伯母《おば》さん、私の部屋《へや》に勝手《かって》に入らないでください」と言って、部屋《へや》のドアをバタンと閉《し》めてしまいました。

Ａさんは少し気分を落《お》ち着《つ》かせてから、考えました。伯父《おじ》さんの家に住む限《かぎ》りは、このような干渉《かんしょう》やプライバシーの侵害《しんがい》も我慢《がまん》しなければならないのでしょうか。伯父《おじ》さんの家を出ることも考えましたが、経済的《けいざいてき》な理由《りゆう》もあるし、両親《りょうしん》も許《ゆる》してくれないでしょう。Ａさんは残《のこ》りの９か月間、どうしたらいいのか悩《なや》んでいます。

1　新歓《しんかん》コンパ：学校のサークルなどで、新しいメンバーを迎《むか》えるために行《おこな》うパーティー。

質問

1. Aさんは、どうして伯父《おじ》さんの家に住むことになりましたか。

2. Aさんは、何が面倒《めんどう》だと感《かん》じていますか。

3. Aさんは、伯母《おば》さんのどのような言動《げんどう》が許《ゆる》せませんでしたか。

考えましょう

1. 伯母《おば》さんは、どうしてAさんにうるさいことを言っていると思いますか。

2. あなたは、伯母《おば》さんの言動《げんどう》や考え方について、どう思いますか。問題があると思いますか。

3. あなたは、Aさんの言動《げんどう》や考え方について、どう思いますか。問題があると思いますか。

4. Aさんは、これからどうしたらいいと思いますか。

5. あなたも親《おや》などの目上《めうえ》の人の干渉《かんしょう》がうるさいと思ったことがありますか。

ケース

06 引《ひ》っ越《こ》したいけれど

登場人物《とうじょうじんぶつ》

留学生《りゅうがくせい》のＡさん
Ａさんの奥《おく》さん
不動産屋《ふどうさんや》の社員《しゃいん》Ｂさん
不動産屋《ふどうさんや》の社員《しゃいん》Ｃさん

Ａさんは、大学院《だいがくいん》の博士課程《はかせかてい》の学生です。日本に来たばかりのときには、日本語がわからなくて困《こま》ったことがよくありましたが、日本での生活《せいかつ》は今では５年になり、言葉《ことば》のことで困《こま》ることはほとんどありません。Ａさんの奥《おく》さんは、日本で博士課程《はかせかてい》を修了《しゅうりょう》後《ご》、日本の会社で研究員として働いています。奥《おく》さんの収入《しゅうにゅう》もあるし、奨学金《しょうがくきん》ももらえて経済的《けいざいてき》に余裕《よゆう》が出てきました。それで、今の住《す》まいから、もう少し広いところに引《ひ》っ越《こ》したいと思っています。

今、住んでいる町は都心《としん》から近く環境《かんきょう》もよくて気《き》に入《い》っているので、近くに引《ひ》っ越《こ》ししたいと思っています。そこで、奥《おく》さんといっしょに駅前《えきまえ》の不動産屋《ふどうさんや》さんに行ってみました。不動産屋《ふどうさんや》さんでは、とても感《かん》じのいいＢさんが対応《たいおう》してくれました。Ｂさんは、予算《よさん》に合《あ》わせていろいろな物件《ぶっけん》のファイルを見せてくれました。それで、そのファイルの中から、一つのマンションを見に行くことにしました。そのマンションに行ってみると、建物は新しくてきれいで、部屋《へや》は今のマンションより一つ多く、特にキッチンが広くて使いやすそうでした。Ａさんは、奥《おく》さんの仕事がとても忙《いそが》しく、主夫《しゅふ》[1]として家事《かじ》を積極的《せっきょくてき》にしています。それで、広いキッチンが欲《ほ》しかったのです。家賃《やちん》は今のところより高くなりますが、奥《おく》さんもこの部屋《へや》がいいと言うので、契約《けいやく》することにしました。

次《つぎ》の日に不動産屋《ふどうさんや》さんからＡさんに電話がありました。この前の感《かん》じのいいＢさんではなく、今度《こんど》はＣさんという人でした。Ｃさんは、「Ａさんと奥《おく》さんは外国人ですね。Ａさんは仕事をしていますか」と聞きました。Ａさんは、「私は仕事をしていませんが、妻《つま》が仕事をしています」と答えました。すると、「奥《おく》さんのお給料《きゅうりょう》はいくらですか。あなたは学生だけど、家賃《やちん》が払《はら》えますか」と聞くのです。「はい、大丈夫《だいじょうぶ》ですよ」と答えると、「じゃあ、奥《おく》さんの銀行の残高証明《ざんだかしょうめい》を持ってきてください。残高証明《ざんだかしょうめい》、わかりますか」と言いました。その言い方が、子どもに言うような話し方だったので、馬鹿《ばか》にされているとＡさんは感《かん》じました。不動産屋《ふどうさんや》さんは、さらに「奥《おく》さんの会社の電話番号《ばんごう》を教えてください。奥《おく》さんに電話して聞きます」と言いました。Ａさんはだんだん腹《はら》が立ってきました。それで、「じゃあ、もういいです！」と言って、電話をガチャンと切ってしまいました。結局《けっきょく》、Ａさんは引《ひ》っ越《こ》しをやめました。

今もＡさんは、前のマンションに住んでいます。奥《おく》さんは、「お金は銀行にあるんだから、残高証明《ざんだかしょうめい》を出せばよかったのに。お金がないと思われたかもしれない。どうして私に連絡《れんらく》させなかったの」とＡさんに怒《おこ》っています。Ａさんも、「あの広いキッチンで料理《りょうり》をしたかったなあ」と、自分が短気《たんき》だったのかもしれないと少し後悔《こうかい》しています。でも、電話のときの嫌《いや》な感《かん》じを思い出すと、まだ他《ほか》の不動産屋《ふどうさんや》に行く気持ちにもなれません。

1　主夫《しゅふ》：女性《じょせい》を表《あらわ》す主婦《しゅふ》に対《たい》して、洗濯《せんたく》・掃除《そうじ》・料理《りょうり》など、家の仕事を主《おも》にする夫《おっと》を主夫《しゅふ》と表現《ひょうげん》する。新しいライフスタイルの誕生《たんじょう》とともに生まれた新しい言葉《ことば》。

質問

1. Aさんは、どうして引《ひ》っ越《こ》すことにしましたか。

2. 不動産屋《ふどうさんや》からの電話は、どんな内容《ないよう》でしたか。

3. Aさんは、不動産屋《ふどうさんや》からの電話にどのように対応《たいおう》しましたか。

4. Aさんの奥《おく》さんは、Aさんの言動《げんどう》について、どう思っていますか。

考えましょう

1. あなたは、不動産屋《ふどうさんや》さんからの電話について、どう思いますか。

2. Aさんは、どうして怒《おこ》ったと思いますか。

3. あなたがAさんの奥《おく》さんだったら、不動産屋《ふどうさんや》さんからの電話について、どう思いますか。

4. あなたがAさんの立場《たちば》だったら、どうしますか。

5. あなたもAさんと同じような経験《けいけん》をしたことがありますか。

ケース
07　バーベキューはダメ？

登場人物《とうじょうじんぶつ》

留学生《りゅうがくせい》のＡさん
60歳《さい》ぐらいの男性《だんせい》
Ａさんと同じ国の留学生《りゅうがくせい》Ｂさん

留学生《りゅうがくせい》のＡさんは、週末《しゅうまつ》に国の友だちとバーベキューパーティーをすることになりました。場所《ばしょ》はＡさんのアパートの近くの公園《こうえん》です。３月にたくさんの日本人がこの公園《こうえん》でお花見をしながらバーベキューをしていたので、この公園《こうえん》でバーベキューパーティーをすることを思《おも》いついたのです。パーティーには同じ国からの留学生《りゅうがくせい》が30人ぐらい集まりました。幹事《かんじ》[1]として材料《ざいりょう》や道具《どうぐ》をそろえたりするのは大変でしたが、いつもは忙《いそが》しくてなかなか会えない友人《ゆうじん》たちとも会え、楽しい時間を過《す》ごしていました。写真もたくさん撮《と》りました。30人の集合《しゅうごう》写真をなかなかうまく撮《と》れなくて、何度《なんど》も失敗《しっぱい》して撮《と》り直《なお》しましたが、それもまた楽しいものでした。

持ってきたお菓子《かし》をだいたい食べ終わり、バーベキューの肉や野菜《やさい》がちょうど焼《や》きあがってみんなで食べようとしていたところに、60歳《さい》ぐらいの男性《だんせい》が近《ちか》づいてきました。公《こう》園《えん》の近所《きんじょ》に住んでいる人のようですが、集合《しゅうごう》写真を撮《と》るときの笑《わら》い声《ごえ》がうるさかったのでしょうか。近《ちか》づいてきたとき、Ａさんたちが話しているのを聞いて、外国人だと気《き》づいたようでした。

「あんたたちはどこから来た人？　日本では、公園《こうえん》で火を使ってはダメなんだよ。それに、こんなにゴミを散《ち》らかされちゃ迷惑《めいわく》なんだよね」

みんな困《こま》って顔《かお》を見合《みあ》わせていましたが、Ａさんが答えました。「えーっと、ここではバーベキューは禁止《きんし》なんですか？　看板《かんばん》には「ボール遊《あそ》び禁止《きんし》」と書いてありますが、バーベキュー禁止《きんし》とは書いていないので、大丈夫《だいじょうぶ》だと思ったんです。それから、ごみ袋《ぶくろ》を持って来ていますから、ゴミは帰るときにちゃんと持って帰りますので……」

それを聞いた男性《だんせい》は怒《おこ》りだしました。「書いてなくても、ダメなものはダメなんだよ！　そんなの常識《じょうしき》だろ！　これだから外人《がいじん》は困《こま》るんだよ！」

Ａさんたちが驚《おどろ》いていると、男性《だんせい》は「すぐに片《かた》づけて帰ってくれないか」と言って、立ち去《さ》って行きました。肉や野菜《やさい》は、ちょうどいい具合《ぐあい》に焼《や》けて、いい匂《にお》いがしています。それに、大量《たいりょう》の食材《しょくざい》がまだ余《あま》っています。

時間は昼の１時ごろでしたが、静《しず》かな住宅街《じゅうたくがい》にある公園《こうえん》だったので、確《たし》かに少しうるさかったかもしれません。でも、男性《だんせい》の言い方が「あんたたちは知らないだろうから教えてやろう」という感《かん》じだったのが気になりました。自分が子ども扱《あつか》いされたようで悲《かな》しくなってきました。Ａさんは、となりにいたＢさんに聞いてみました。

「お花見のときにあの公園《こうえん》でバーベキューやっている人がたくさんいたよね。それに、公《こう》園《えん》の看板《かんばん》には「ボール遊《あそ》び禁止《きんし》」って書いてあるけど、「バーベキュー禁止《きんし》」とはどこにも書いてないし。本当《ほんとう》に今すぐ片《かた》づけて帰るべきなのかなあ」

「でも、それが日本の常識《じょうしき》かもしれないよね。常識《じょうしき》なら従《したが》ったほうがいいんじゃない？」

「法律《ほうりつ》なんかで禁止《きんし》されているならしかたないけど、さっきの人が言ってることが正しいかどうかわからないじゃない」

はっきり書かれていないことでも、それが「常識《じょうしき》」だと言われると、従《したが》わなければならないのでしょうか。Ａさんは、せっかく焼《や》きあがった肉や野菜《やさい》を食べずに、今すぐ片《かた》づけて帰るべきなのでしょうか。

1　幹事《かんじ》：飲み会や旅行などのまとめ役《やく》の人。

質問

1. 近《ちか》づいてきた男性《だんせい》は、Aさんたちにどんなことを言いましたか。

2. 男性《だんせい》は、Aさんたちのことをどう思っていたのでしょうか。

3. Bさんは、男性《だんせい》の言葉《ことば》に対《たい》してどう思っていますか。

考えましょう

1. Aさんのこれまでの言動《げんどう》に問題があったと思いますか。あったとしたら、それはどんな問題ですか。Aさんは、どのように行動《こうどう》するべきだったと思いますか。

2. 男性《だんせい》のこれまでの言動《げんどう》に問題があったと思いますか。あったとしたら、それはどんな問題ですか。男性《だんせい》は、どのように行動《こうどう》するべきだったと思いますか。

3. あなたは、「法律《ほうりつ》などで決《き》められていなくても、なんとなく多くの人が従《したが》っていること」を見たり聞いたりした経験《けいけん》がありますか。ある場合《ばあい》、それはどんなことですか。

4. 「法律《ほうりつ》ではなくても、常識《じょうしき》には従《したが》うべきだ」という考えについて、どう思いますか。

ケース

08 とりあえず謝《あやま》る？

登場人物《とうじょうじんぶつ》

Aくん
Aくんの彼女《かのじょ》
50代ぐらいの男性《だんせい》
若《わか》い女性《じょせい》

Aくんは大学2年生《ねんせい》です。最近彼女《さいきんかのじょ》もできて、サークルやデートに忙《いそが》しい大学生活《せいかつ》を送っています。彼女《かのじょ》は、「Aのやさしいところが好《す》き！」といつも言ってくれます。

ある日のことです。Aくんが歩道《ほどう》を歩いていると、後ろから走ってきた自転車のハンドルがAくんのカバンにひっかかり、自転車が倒《たお》れそうになってしまいました。Aくんは反《はん》射的《しゃてき》に「すみません」と言いました。すると、自転車に乗《の》っていた50代ぐらいの男性《だんせい》が「あんたがそんな大きなカバン持ってるからだろ！　気をつけろ！」とどなって走《はし》り去《さ》って行きました。Aくんは「自転車は、本当《ほんとう》は車道《しゃどう》を走らなければいけないはずだし、自分が前をよく見てなかったのが悪いのに……」と思いましたが、もう男性《だんせい》はいなかったので何も言えませんでした。

また、次《つぎ》の朝満員《まんいん》電車に乗《の》っていたときには、Aくんの前に立っていた若《わか》い女性《じょせい》がいきなり振《ふ》り返《かえ》り、すごい顔《かお》でにらんできました。どうも、Aくんのカバンがその女性《じょせい》のお尻《しり》のあたりに当《あ》たっていたようなのです。「ヤバい、痴漢《ちかん》に間違《まちが》われたかも」と思ったAくんはとっさに「すみません」と言いました。幸《さいわ》い、痴漢《ちかん》だと騒《さわ》がれることもなく、その女性《じょせい》は次《つぎ》の駅で降《お》りて行きましたが、降《お》りるまで何度《なんど》もAくんのことをにらんでいました。

なんだかむしゃくしゃしたAくんは、次《つぎ》のデートのとき、彼女《かのじょ》につい愚痴《ぐち》をこぼしてしまいました。

「…ってわけで、俺《おれ》が悪いわけでもないのに謝《あやま》ることになって、なんだか俺《おれ》だけ損《そん》してる感《かん》じなんだよね」

「それはあなたが悪いわよ。なんで自分が悪くもないのに謝《あやま》るわけ？」

「え？　だって、とりあえずトラブルになったら嫌《いや》じゃない。君《きみ》はそういうときに謝《あやま》らないの？」

「謝《あやま》らないに決《き》まってるでしょ。自分が悪くもないのに責任《せきにん》を取《と》らされたらどうするのよ。痴漢《ちかん》と間違《まちが》われるのだって危《あぶ》ないんだよ。やってもいないのに痴漢《ちかん》だって言われて逮《たい》捕《ほ》されちゃった人だっているんだから。あなただって捕《つか》まっちゃったかもしれないんだから、気をつけてよね！」

「…ごめん」

「ほら、またそうやって謝《あやま》る！　だいたいあなたは何でも謝《あやま》りすぎなのよ！　この間だって……」

結局《けっきょく》彼女《かのじょ》に怒《おこ》られてしまいました。

確《たし》かに、子どものときから「悪いことをしたら素直《すなお》に謝《あやま》りなさい」と言われてきましたが、「悪くなくても謝《あやま》りなさい」とは言われていません。でも、つい謝《あやま》ってしまうのです。自分の性格《せいかく》を変《か》えるよう努力《どりょく》したほうがいいのか、Ａくんは考《かんが》え込《こ》んでしまいました。

質問

1. 自転車とぶつかりそうになったとき、Aくんは自分と相手《あいて》のどちらが悪いと思いましたか。

2. 電車の中で、Aくんが若《わか》い女性《じょせい》ににらまれたのはなぜですか。

3. 彼女《かのじょ》は、Aくんの態度《たいど》について、どう思っていますか。それはなぜですか。

考えましょう

1. Aくんは、どうして「すみません」と言ったのだと思いますか。あなたは、「すみません」という言葉《ことば》をどんな場面《ばめん》で使いますか。

2. あなたは、Aくんと彼女《かのじょ》のどちらに、より共感《きょうかん》しますか。

3. あなたは、自分が悪くないのに謝《あやま》った経験《けいけん》がありますか。
（ある場合《ばあい》）例《たと》えばどんなときですか。
（ない場合《ばあい》）どうしてですか。

4. あなたは、謝《あやま》ることにどんなメリットがあると思いますか。

5. Ａくんは、「自分が悪くなくても謝《あやま》る」という態度《たいど》を改《あらた》めるべきだと思いますか。それはなぜですか。

第2章　友だち

ケース

09 親友《しんゆう》がほしい

登場人物《とうじょうじんぶつ》

大学の交換留学生《こうかんりゅうがくせい》のＡさん
ホームステイ先《さき》の家族《かぞく》
クラスやサークルの日本人の友だち

Ａさんは大学の１年間の交換留学生《こうかんりゅうがくせい》として、５か月前に来日《らいにち》しました。専門《せんもん》は日本学《にほんがく》です。日本に滞在《たいざい》している間に、日本の文化《ぶんか》や日本人社会にどっぷりと[1]浸《つ》かることができて、日本人の考え方や日本の文化《ぶんか》について、もっと理解《りかい》できるようになるのではないかと大きな期待《きたい》をしていました。また、何でも話せる日本人の友人《ゆうじん》ができれば、苦手《にがて》な聞き取《と》りや話す力も伸《の》びるに違《ちが》いないと思っていました。

そんな生活《せいかつ》を夢《ゆめ》見《み》て、最初《さいしょ》に選《えら》んだのは、日本人家庭《かてい》でのホームステイでした。しかし、ホームステイ先《さき》の高校生の弟はクラブ活動《かつどう》と塾《じゅく》で忙《いそが》しくて、あまり話す機会《きかい》がありません。お父さんも毎日残業《ざんぎょう》で、ほとんど顔《かお》を合《あ》わせることがありません。せっかく日本人家庭《かてい》にホームステイしているのに、これでは、アパートで一人暮《ひとりぐ》らししているのとほとんど同じです。それなのに、お母さんは「朝、シャワーを浴《あ》びてはいけない」とか、「もっと野菜《やさい》を食べろ」とか、「帰りが遅《おそ》い、どこへ行っていたの」などと、干渉《かんしょう》ばかりしてきます。こんな状態《じょうたい》なら、いっそアパートで一人暮《ひとりぐ》らしをしたほうがいいと思って、２か月前に、ホームステイの家を出て、アパートで一人暮《ひとりぐ》らしを始めました。

Ａさんは、日本人の中に入っていって、友だちをたくさん作りたいと思ったので、他《ほか》の留《りゅう》学生《がくせい》や同国人《どうこくじん》とは、あまり付《つ》き合《あ》わないようにしようと思いました。そして、大学のクラスのコンパや、日本人の友だちに誘《さそ》われて、なんとなく入ったテニスサークルのコンパには必《かなら》ず出席《しゅっせき》するようにしました。

　しかし、コンパに行っても、話が本当《ほんとう》に盛《も》り上《あ》がってくると、友だちの話について行けないことも多く、あまり楽しいと感《かん》じませんでした。まわりの人が大笑《おおわら》いしているのに、自分だけ笑《わら》えないときもよくあります。まわりの人が自分に合《あ》わせて、自分の国の有名なスターやドラマや、食べ物の話題《わだい》を振《ふ》ってくれることも多いのですが、そのようなものには興味《きょうみ》がなくて、「また、その話か」と思ってしまい、話が発展《はってん》しないのです。それに、彼《かれ》らがしている話は、誰《だれ》かの噂話《うわさばなし》や悪口《わるぐち》だったり、子どものころの思《おも》い出話《でばなし》だったりで、少しもおもしろくないし、その話題《わだい》に入っていけないのです。

　Ａさんは日本人の友だちとコンパやカラオケで大騒《おおさわ》ぎをして、一見仲《いっけんなか》がいい友だちができたようにも見えるのですが、関係《かんけい》が全然深《ぜんぜんふか》まらないのです。Ａさんは議論《ぎろん》やなかなか答えの出ない難《むずか》しい話が好《す》きで、国では友だちと朝まで議論《ぎろん》したり、深《ふか》い話をしたりしました。日本でもこのような話をする親友《しんゆう》ができると思っていたのに、日本人の友だちはいつもくだらない[2]、表面的《ひょうめんてき》な話ばかりしていると感《かん》じます。自分が外国人だからでしょうか。それとも、自分の日本語力が足りないからでしょうか。最初《さいしょ》は自分に問題があるのだと思ったのですが、最近《さいきん》では、単《たん》にまわりの日本人が子どもっぽく思えてきました。このような集《あつ》まりに出ても虚《むな》しく[3]なるので、あまり参加《さんか》しなくなり、授業《じゅぎょう》以外はアパートに引《ひ》きこもりがちで、孤独《こどく》を感《かん》じています。Ａさんはだんだん留学《りゅうがく》している意味がわからなくなって、今では留学《りゅうがく》を途中《とちゅう》で止めて国へ帰りたいと考えています。ストレスで体重《たいじゅう》が５キロも減《へ》ってしまいました。こんな状態《じょうたい》から早く抜《ぬ》け出《だ》さなければいけないと思っているのですが……。

1　どっぷりと：完全《かんぜん》に浸《ひた》っている様子《ようす》。

2　くだらない：問題にするだけの価値《かち》がない。

3　虚《むな》しい：意義《いぎ》がないと感《かん》じること。

質問

1. Aさんは、1年間の留学生活《りゅうがくせいかつ》にどのような期待《きたい》をしていましたか。

2. Aさんが「日本の文化《ぶんか》や日本人社会にどっぷりと浸《つ》かる」ために取《と》った行動《こうどう》は何ですか。

3. Aさんは、どうしてホームステイの家を出てしまいましたか。

4. Aさんは、どうしてクラスやサークルの集《あつ》まりが楽しくないと感《かん》じましたか。

5. Aさんは最初《さいしょ》、日本人との会話がつまらない原因《げんいん》は何だと思っていましたか。今はどうですか。

考えましょう

1. Aさんのこれまでの言動《げんどう》や考え方に問題があったと思いますか。あったとしたら、それはどんな問題ですか。Aさんは、どのように行動《こうどう》するべきだったと思いますか。

2. Aさんが、これから充実《じゅうじつ》した留学生活《りゅうがくせいかつ》を送るためには、どうしたらいいと思いますか。あなたのアイディアを話してください。

3. あなたにとって友だちとは、何ですか。

4. あなたも日本人との関係作《かんけいづく》りについて、難《むずか》しいと感《かん》じることがありますか。どんな点《てん》についてですか。

5. 新しい友だちを作るときに何かいい方法《ほうほう》がありますか。あなたは、どうやって新しい友だちを作りますか。

ケース
10 私っておとなしいの？

登場人物《とうじょうじんぶつ》

留学生《りゅうがくせい》のAさん
Aさんの日本人の友だち
Aさんの留学生《りゅうがくせい》の友だち

留学生《りゅうがくせい》のAさんは、半年前《はんとし》に日本の大学院《だいがくいん》に入りました。専門《せんもん》は情報科学《じょうほうかがく》で、修士課程《しゅうしかてい》の1年生です。Aさんの所属《しょぞく》する大学院《だいがくいん》では、英語で研究ができます。ですから、Aさんは、日本に来る前は日本語の勉強をせず、修士課程《しゅうしかてい》に入ってから、日本語の勉強を始めました。今はやっと初級《しょきゅう》の教科書《きょうかしょ》が終わり、基本的《きほんてき》なことは少し話せるようになりました。

Aさんはもともと社交的《しゃこうてき》な性格《せいかく》で、母国《ぼこく》ではいつも話題《わだい》の中心《ちゅうしん》となるタイプの人でした。話題《わだい》の豊富《ほうふ》なAさんは、いつもいろいろな話を提供《ていきょう》していました。また、冗談《じょうだん》の好《す》きなAさんは、おもしろい話をしてみんなをよく笑《わら》わせていました。まわりの友だちから「Aさんの話はおもしろい」と言われることもよくありました。日本に来てからも、時間を作ってパーティーを開いたり、友だちと遊《あそ》びに行ったりしています。大学にはたくさん留学生《りゅうがくせい》がいて、いろいろな国の友だちができました。

こんなに友だちがたくさんいるAさんですが、日本人とのグループの中ではちょっと違《ちが》います。Aさんは、日本人のグループの中では「おとなしい人」と思われているようなのです。Aさんは、母語《ぼご》や英語を話すときは活発《かっぱつ》でみんなを引《ひ》っ張《ぱ》っていく存在《そんざい》なのに、日本語を話すときは「おとなしい人」という位置《いち》づけになってしまうことに違和感《いわかん》を持っています。

Aさんは、自分が日本人のグループでそのような位置《いち》づけになってしまった原因《げんいん》は、日本語でのコミュニケーションにあると考えています。まず、話のスピードが速《はや》くてわからないことがよくあります。特にグループで話しているときはそうです。日本人学生のパーティーに行ったとき、小さいグループができていっしょに話しました。日本の流行《りゅうこう》やテレビの話題《わだい》が多かったのですが、Aさんはそのことについてよく知らないので話についていけませんでした。それから、みんなはよく冗談《じょうだん》を言《い》い合《あ》って笑《わら》っていましたが、Aさんは何がおもしろいのかわからず、笑《わら》うことができませんでした。でも、冗談《じょうだん》について説明《せつめい》をしてもらうのも変《へん》だと思い、質問もしませんでした。

また、Aさんは、話を理解《りかい》することだけでなく、自分から話すこともなかなかできません。グループでは、どんどん話が進《すす》んでいくので、うまく発言《はつげん》するきっかけがつかめません。

きっかけがつかめても、うまく説明《せつめい》ができなくて話の流《なが》れを止めてしまったと後悔《こうかい》したこともありました。そうしているうちに、だんだん説明《せつめい》するのが面倒《めんどう》くさくなって、結局《けっきょく》、聞くだけになってしまうことが多くなりました。

あるとき、ゼミの日本人に「Ａさんって無口《むくち》だね」と言われて、ショックを受《う》けました。自分の本当《ほんとう》の性格《せいかく》は、よく話すおもしろい人なのに……と残念《ざんねん》に思いました。母語《ぼご》や英語では表現《ひょうげん》できる自分が、日本語では表現《ひょうげん》できない。とてももどかしい[1]気持ちになりました。そのうち、だんだん「Ａさんはおとなしい人」というイメージが定着《ていちゃく》してしまいそうです。焦《あせ》ったＡさんは、なんとか「自分らしい自分」を表現《ひょうげん》しようとしますが、そうしようとすればするほど空回《からまわ》り[2]してしまいます。最近《さいきん》は、頑張《がんば》ることにちょっと疲《つか》れてしまっています。

1　もどかしい：思うようにならなくて、いらいらすること。

2　空回《からまわ》り：努力《どりょく》しても報《むく》われない。例《たと》えば、みんなを笑《わら》わせようと頑《がん》張《ば》っても、誰《だれ》も笑《わら》ってくれないなど。

質問

1. Aさんの日本語のレベルは、どのぐらいですか。

2. Aさんは、どんな性格《せいかく》ですか。

3. Aさんは、日本人のグループでは、どんな人だと思われていますか。どうして、そう思われているのでしょうか。

考えましょう

1. あなたは、自分の性格《せいかく》が他人《たにん》に理解《りかい》されていないと感《かん》じたことがありますか。それはどんなときですか。

2. あなたは、Aさんの悩《なや》みについて、どう思いますか。

3. あなたは、Aさんにどのようなアドバイスをしますか。

ケース

11 同国人《どうこくじん》との付《つ》き合《あ》い

登場人物《とうじょうじんぶつ》

留学生《りゅうがくせい》のAさん
同国人《どうこくじん》の友だち

留学生《りゅうがくせい》のAさんは、日本語学校で一生懸命《いっしょうけんめい》日本語を勉強し、希望《きぼう》の大学の試験に合格《ごうかく》しました。Aさんは大学に入学したら、日本人と交流《こうりゅう》したり、日本語を話したりする機会《きかい》が増《ふ》えると期待《きたい》していました。なぜなら、せっかく日本に来たのに、これまでの生活《せいかつ》では日本人と交流《こうりゅう》する機会《きかい》がとても少なかったからです。日本語学校のクラスはほとんどが同国人《どうこくじん》で、授業中《じゅぎょうちゅう》以外はいつも母語《ぼご》で話していました。アルバイト先《さき》の工場には日本人もいますが、工場の仕事なので話をする機会《きかい》がほとんどありません。大学に入ったら、必然的《ひつぜんてき》に日本人の中に入るわけですから、日本人の友だちがたくさんできるはずだと期待《きたい》に胸《むね》がふくらみました。自分の日本語能力《のうりょく》が心配《しんぱい》でしたが、日本人の友だちができたら、日本語もどんどん上達《じょうたつ》すると思っていました。

大学の授業《じゅぎょう》が始まりました。大学の授業《じゅぎょう》は、少なくて50人、多いと200人ぐらいの学生がいます。Aさんの予想《よそう》に反《はん》して、このような授業《じゅぎょう》では、なかなか日本人と友だちになれませんでした。顔《かお》を覚《おぼ》えた人にはあいさつをしますが、それ以上の発展《はってん》はありませんでした。フットサルのサークルにも入りましたが、週《しゅう》に3、4日はアルバイトをしなければならないので、練習《れんしゅう》や活動《かつどう》に参加《さんか》できないことも多くありました。また、積極的《せっきょくてき》に飲み会に行こうと思いましたが、1回《かい》の飲み会に3,000円ぐらいかかるので、毎回参加《まいかいさんか》するのはちょっと無理《むり》だと思いました。

なかなか日本人の学生と友だちになれない一方《いっぽう》で、同国人《どうこくじん》の留学生《りゅうがくせい》の友だちが何人かできました。同国人《どうこくじん》と友だちになると、その友だち、その友だちというように次々《つぎつぎ》と知《し》り合《あ》いになり、たった２、３か月で、Ａさんは完全《かんぜん》に同国人《どうこくじん》のコミュニティに入ってしまいました。そして、同国人《どうこくじん》の留学生《りゅうがくせい》といっしょに昼ご飯を食べたり、週末《しゅうまつ》にカラオケに行ったりするようになりました。

同じ国の友だちといっしょにいると、言語《げんご》の問題がないせいか、日本人といるときとは違《ちが》って安心感《あんしんかん》があります。一方《いっぽう》、サークルの団体行動《だんたいこうどう》が面倒《めんどう》に感《かん》じるようになりました。また、アルバイトでちょくちょく休むので、サークル内《ない》にできた仲《なか》のよいグループに入っていけない感《かん》じがして、行きづらくなり、ついには辞《や》めてしまいました。その代わり、時間があれば、新しくできた同国人《どうこくじん》の友だちと遊《あそ》ぶようになりました。

Ａさんは、このままではいけないとは思いつつ、今の生活《せいかつ》を変《か》えることができずにいます。日本語力をさらに上達《じょうたつ》させるには、日本人と付《つ》き合《あ》ったほうがいいように思います。何よりもせっかく日本に留学《りゅうがく》しているのですから、日本人の友だちとも付《つ》き合《あ》い、日本の文《ぶん》化《か》も学《まな》びたいと考えています。でも、またサークルに入っても友だちはできない気がしています。Ａさんはこれからどうすればいいのか悩《なや》んでいます。

質問

1. Aさんは大学に入る前に、日本語を使う機会《きかい》がたくさんありましたか。それはどうしてですか。

2. Aさんは、どうして日本人とあまり付《つ》き合《あ》わずに、同国人《どうこくじん》と付《つ》き合《あ》うようになりましたか。

3. Aさんは、どうしてサークルを辞《や》めましたか。

4. Aさんが今の生活《せいかつ》を変《か》えられないのは、どうしてですか。

考えましょう

1. あなたがAさんの立場《たちば》だったら「このままではいけない」と思うでしょうか。それはどうしてですか。

2. あなたにもAさんと同じような経験《けいけん》がありますか。

3. Aさんは、これからどうしたらいいと思いますか。

ケース
12 愚痴《ぐち》ばかり言う友だち

登場人物《とうじょうじんぶつ》

大学生のAさん
Aさんの友だちのBさん
Bさんの友だち

Aさんと Bさんは、Y大学の同じ学部《がくぶ》に通っています。Aさんは大学に入る前からの友人《ゆうじん》のBさんのことで悩《なや》んでいます。Bさんとは、高校2年生のときに日本留学専門《りゅうがくせんもん》の塾《じゅく》で知《し》り合《あ》いました。Bさんは、塾《じゅく》のクラスでいつもトップの成績《せいせき》で、日本で一番《いちばん》のZ大学へ行くと言っていました。塾《じゅく》の先生も学生もみんなBさんが難関《なんかん》試験を突破《とっぱ》して[1]、Z大学へ行くと信《しん》じていました。

ところが、みんなの予想《よそう》に反《はん》して、BさんはZ大学の受験《じゅけん》に失敗《しっぱい》してしまいました。Bさんは浪人《ろうにん》する[2]ことも考えましたが、お金もかかりますし、親《おや》に申《もう》し訳《わけ》ないと思い、滑《すべ》り止《ど》め[3]で受《う》けたY大学に入学することにしたのです。

Bさんは、最初《さいしょ》はもちろんY大学で頑張《がんば》ろうと思っていたのですが、やはりどうしてもY大学や大学生活《せいかつ》が好《す》きになれないようなのです。もともと滑《すべ》り止《ど》めで受《う》けた大学なので、学部《がくぶ》もあまり興味《きょうみ》のない分野《ぶんや》だったようです。それで、やたらとAさんにY大学の愚痴《ぐち》を言うのです。最初《さいしょ》はBさんのことがかわいそうだと思って、ほぼ毎日相談《そうだん》に乗《の》ったり、愚痴《ぐち》を聞いてあげたりしていました。しかし、自分のことしか考えずに、自分がかわいそうだと思うBさんと話すことにだんだん疲《つか》れてきてしまいました。

BさんはAさんにだけではなく、他《ほか》の人にも同じような話をするので、だんだんBさんのまわりから友だちがいなくなってしまいました。やがて、AさんもBさんとの距離《きょり》を置《お》きたいと思うようになってしまいました。しかし、Bさんは、Aさんのことを気が合《あ》う友だちと思っているらしく、毎日のようにAさんに連絡《れんらく》をしてくるのです。しかし、会っても「Y大学はレベルが低《ひく》い」だとか、「中退《ちゅうたい》してZ大学を再受験《さいじゅけん》しようか」という話になるのかと思うと気が重くなり、ついにBさんを避《さ》けるようになってしまいました。しかし、Bさんの友だちがAさん一人になってしまった今、Bさんを見捨《みす》てるのは、かわいそうだという気持ちもあります。Aさんはどうしたらいいのか悩《なや》んでいます。

1 突破《とっぱ》する：困難《こんなん》や障害《しょうがい》を乗《の》り越《こ》えること。

2 浪人《ろうにん》する：大学の試験に失敗《しっぱい》して、また次《つぎ》の年に試験を受《う》けるために勉強すること。

3 滑《すべ》り止《ど》め：試験に合格《ごうかく》しない場合《ばあい》のことを考えて、別の学校や会社を受《う》けておくこと。

質問

1. Bさんは、どうしてY大学に入学することにしましたか。

2. Aさん以外の友だちは、どうしてBさんのまわりからいなくなってしまいましたか。

3. Aさんは、どうしてBさんを見《み》捨《す》てることができないのでしょうか。

考えましょう

1. AさんやBさんの言動《げんどう》に問題があったと思いますか。あったとしたら、それはどんな問題ですか。

2. あなたがAさんの立場《たちば》だったら、どうすると思いますか。それはどうしてですか。

3. あなたは、Aさんと同じように友だちと距離《きょり》を置《お》きたいと思ったことがありますか。そのとき、どうしましたか。

ケース
13 私の何が悪かったの？

登場人物《とうじょうじんぶつ》

交換留学生《こうかんりゅうがくせい》のＡさん
留学生《りゅうがくせい》のＢさん（Ａさんの高校の同級生《どうきゅうせい》）

Ａさんは大学の交換留学生《こうかんりゅうがくせい》として来日《らいにち》しました。日本へ来る前に、ちょうど同じ時期《じき》に高校のときからの友人《ゆうじん》のＢさんも日本の同じ都市《とし》に留学《りゅうがく》することを知りました。Ａさんは来日《らいにち》前にＢさんに連絡《れんらく》をして、日本で会おうと約束《やくそく》しました。Ａさんは留学先《りゅうがくさき》によく知っているＢさんがいることを知り、ちょっと安心しました。Ａさんは日本に来るとすぐにＢさんに連絡《れんらく》をしました。Ａさんより２週間ほど前に来日《らいにち》していたＢさんは、電車やバスの乗《の》り方、自分の国の食材《しょくざい》が安く買える店など、いろいろと教えてくれました。Ａさんは、Ｂさんが自分と同じ時期《じき》に留学先《りゅうがくさき》にいることを心《こころ》から幸運《こううん》だと思い、感謝《かんしゃ》しました。

ＡさんとＢさんは違《ちが》う大学に通っていたので、毎日会うことはできませんが、毎日メールを送ったり電話で話したりしていました。週末《しゅうまつ》になるといっしょに買い物に行ったり、お祭《まつ》りに行ったりして、楽しい時間を過《す》ごしました。また、ＡさんはよくＢさんに勉強や恋《れん》愛《あい》、寮《りょう》の生活《せいかつ》の不満《ふまん》などについても話しました。自分が住む寮《りょう》にも同じ国から来た留学生《りゅうがくせい》がいて、母語《ぼご》で話すこともできますが、高校時代からの友だちであるＢさんには、気兼《きが》ねなく何でも話すことができました。ＢさんはいつもＡさんの話を「うんうん」「そうだね」と言って、聞いてくれました。

そんな生活《せいかつ》が半年《はんとし》ほど続《つづ》き、留学生活《りゅうがくせいかつ》も後半《こうはん》の２学期目《がっきめ》になりました。Ａさんはいつものように、その日あったできごとをＢさんに話そうと、電話をしました。すると、Ｂさんは「ごめん、今学期《こんがっき》から寮《りょう》のフロアリーダーになって、すごく忙《いそが》しいから、その話また今度でいい？」と言いました。Ａさんはちょっとがっかりしましたが、「うん、またね」と言って電話を切りました。

その後、Ｂさんにメールをしてもすぐに返事《へんじ》が来なかったり、電話に出てくれなかったりということが続《つづ》きました。不安になったＡさんは、１日に何通もメールをしたり、何回も電話をかけたりしました。何度も電話をかけたあとに、やっとＢさんとつながると、「Ｂちゃん、なんで電話に出てくれないの！　メールだって何通《つう》もしたのに」とついＢさんを責《せ》めてしまいました。「何か怒《おこ》っている？」と聞いたこともあります。そんなＡさんにＢさんはいつも「ごめん、でも忙《いそが》しいんだから、しょうがないじゃない」などと答えました。そんな状況《じょうきょう》で、週末《しゅうまつ》にＢさんとでかけることも、なくなってしまいました。

Ａさんは自分がＢさんに避《さ》けられているように感《かん》じています。それで、自分が何か悪いことをしたり、言ったりしたのかと考えてみましたが、思《おも》い当《あ》たることはありませんでした。Ａさんは帰国《きこく》までずっとＢさんと楽しく過《す》ごすことができると思っていたのに……。あんなに仲《なか》がよかったのに……。Ａさんは Ｂさんとの関係《かんけい》のことを悩《なや》みながら、悶々と《もんもん》[1]毎日を過《す》ごしています。

1　悶々《もんもん》と：心の中で、ずっと悩《なや》む様子《ようす》。

質問

1. Aさんは、Bさんが同じ時期《じき》に同じ都市《とし》に留学《りゅうがく》すると知って、どう思いましたか。

2. 来日《らいにち》したAさんにBさんは、何をしてくれましたか。

3. 最初《さいしょ》の半年《はんとし》間、AさんとBさんの関係《かんけい》は、どうでしたか。

4. 2学期目《がっきめ》になって、Bさんは、どうしてAさんにメールや電話をくれなくなったと言っていますか。

5. Bさんの変化《へんか》に対《たい》して、Aさんはどのように感《かん》じていますか。

考えましょう

1. Aさんのこれまでの言動《げんどう》に問題があったと思いますか。あったとしたら、それはどんな問題ですか。

2. Bさんは、どうしてAさんに連絡《れんらく》したり、遊《あそ》びに行ったりしなくなったと思いますか。

3. Aさんは、これからどうしたらいいと思いますか。

4. あなたもAさんやBさんと同じような経験《けいけん》をしたことがありますか。

ケース
14 あなたのためを思って忠告《ちゅうこく》したのに……

登場人物《とうじょうじんぶつ》

会社員のＡさん（女性《じょせい》）
同僚《どうりょう》のＢくん（男性《だんせい》）
後輩《こうはい》のＣさん（女性《じょせい》）

Ａさんは会社に勤《つと》めて５年になります。Ｂくんは Ａさんの同僚《どうりょう》です。二人は５年前の同じ時期《じき》に会社に入り、同じ部署《ぶしょ》に配属《はいぞく》されました。新入社員《しんにゅうしゃいん》として仕事に慣《な》れるまでお互《たが》いに励《はげ》まし合《あ》い、いい仲間《なかま》になりました。それから３年後《ご》、Ｃさんが会社に入ってきました。Ｃさんは後輩《こうはい》ですが、Ａさんと同《おな》い年《どし》で、すぐに仲良《なかよ》くなって、いっしょに昼ご飯を食べたり、仕事のあとに買い物に行ったりするようになりました。Ａさんは、職場《しょくば》の人と親友《しんゆう》になるのは難《むずか》しいと言われているけれど、自分はなんて運《うん》がいいんだろうと思っていました。

ある日、ＣさんがＡさんに「彼氏《かれし》ができたよ」と言いました。Ａさんは「へえ！　おめでとう。どんな人？」と聞きましたが、Ｃさんは誰《だれ》と付《つ》き合《あ》っているかは教えてくれませんでした。その後《ご》、Ａさんは、Ｂくんから「Ｃさんと付《つ》き合《あ》っている」と聞きました。Ａさんは耳《みみ》を疑《うたが》いました。なぜならＢくんには婚約者《こんやくしゃ》がいたからです。

その後《ご》、ＡさんはＣさんを食事に誘《さそ》い、言いました。「Ｃちゃん、Ｂくんはダメだよ。Ｂくんには婚約者《こんやくしゃ》がいるんだから、早く別れたほうがいいよ」と。しかし、恋《こい》に落《お》ちたＣさんはまったく聞く耳《みみ》を持っていませんでした。その上、「親友《しんゆう》のＡちゃんがそんなことを言うとは思わなかった。味方《みかた》になってくれると思っていたのに」と、Ａさんを責《せ》めるようなことを言いました。

半年後《はんとしご》、Ａさんは他《ほか》の部署《ぶしょ》に異動《いどう》になりました。仕事が忙《いそが》しく、Ｃさんと会う時間もあまりなくなってしまいました。それでも、ＡさんはＣさんのことが心配《しんぱい》だったので、思《おも》い切《き》ってＢくんを呼《よ》び出《だ》し、Ｃさんと別れるよう説得《せっとく》しました。しかし、Ｂさんは「Ｃと別れるつもりはない」と言いました。その後《ご》、ＡさんはＣさんに電話をかけて、もう一度Ｂくんと別れるよう説得《せっとく》しようとしました。すると、Ｃさんは「親友《しんゆう》だと思っていたのに、なぜ私たちの仲《なか》を引《ひ》き裂《さ》こうとするの！」と言うのです。それを聞いたＡさんは、頭《あたま》に来て「あなたのことが心配《しんぱい》だから言っているんじゃない」と言って、電話を切ってしまいました。

一週間後《ご》、仕事中にＣさんから電話がかかってきましたが、ちょうど仕事で手が離《はな》せなかったので、「ごめん、今忙《いそが》しいからあとにしてくれないかな」と言って、電話を切ってしまいました。しかし、その後《ご》Ｃさんからの電話はかかってきませんでした。それから、ＡさんとＣさんは話をするどころか、顔《かお》を合《あ》わせてもあいさつすらしなくなってしまいました。でも、ＡさんはＣさんのことを今でも親友《しんゆう》だと思っています。時間が経《た》つにつれて、友だちを失《うしな》いたくないという気持ちが強くなり、なんとか関係《かんけい》を修復《しゅうふく》したいと考えるようになりました。そこで、その気持ちをメールに書いて送ってみましたが、Ｃさんからの返事《へんじ》はありません。姉妹《しまい》のように仲《なか》がよかったＣさんとの間にできてしまった溝《みぞ》はどうしたら埋《う》めることができるのでしょうか。親友《しんゆう》っていったい何なのでしょうか。Ａさんはどうすればいいのか悩《なや》んでいます。

質問

1. Aさんと B くん、Aさんと C さんは、それぞれどんな関係《かんけい》ですか。

2. その後《ご》、Bくんと C さんは、どんな関係《かんけい》になりましたか。

3. Aさんは、どうしてCさんに「Bくんと別れろ」と言いましたか。

4. Cさんから電話がかかってきたとき、Aさんはどうして電話を切ってしまいましたか。

考えましょう

1. Aさんの言動《げんどう》に問題があったと思いますか。それはどうしてですか。あなたがAさんだったら、同じことをしたと思いますか。

2. Cさんの言動《げんどう》に問題があったと思いますか。それはどうしてですか。あなたがCさんだったら、同じことをしたと思いますか。

3. Aさんは、これからどうしたらいいと思いますか。それはどうしてですか。

4. あなたも親友《しんゆう》に注意や忠告《ちゅうこく》をしたことがありますか。その後《ご》、親友《しんゆう》との関係《かんけい》はどうなりましたか。

ケース

15 男同士《おとこどうし》の友情《ゆうじょう》と彼女《かのじょ》

登場人物《とうじょうじんぶつ》

Aくん(男性《だんせい》)
Bさん(女性《じょせい》)
Cくん(男性《だんせい》)

Aくん、Bさん、Cくんの三人はとても仲《なか》のいい友だちでした。いつも三人で遊《あそ》んだり、いっしょに食事をしたりしていました。あることをきっかけに、BさんとCくんとはお互《たが》いのことが好《す》きだとわかり、二人だけで会うようになりました。BさんとCくんは、自分たちが付《つ》き合《あ》い始めたことをAくんにも話しました。二人が付《つ》き合《あ》い始めたあとも、三人はいっしょに食事をしたりして仲良《なかよ》くしていました。

実《じつ》は、AくんもBさんのことが前から好《す》きだったのです。しかし、二人が付《つ》き合《あ》い始めたことを知ったあと、AくんはBさんへの思いをあきらめました。二人が恋人《こいびと》になったあとも、Bさんに好《す》きな気持ちを持っていることは友だちのCくんを裏切《うらぎ》ることだとAくんは考えたからです。

しかし1年後《ご》、BさんとCくんは別れ、Aくんもそのことを知りました。しかし、どうして二人がだめになったのかは、聞いていません。二人が別れたあと、三人はもういっしょに遊《あそ》んだり、食事したりすることがなくなりました。BさんとCくんは、今では親《した》しく付《つ》き合《あ》うことはありませんが、二人ともAくんとの付《つ》き合《あ》いはまだ続《つづ》いています。

今、Ａくんは悩《なや》んでいます。Ｂさんを好《す》きな気持ちがまた蘇《よみがえ》ってきたのです。

Ａくんは、以前《いぜん》できなかった告白《こくはく》をＢさんにしたいと思っています。しかし、友だちのＣくんのことが気になります。Ｃくんとは、Ｂさんと友だちになる前からの付《つ》き合《あ》いで、何でも安心《あんしん》して話すことができる大切な親友《しんゆう》です。ＡくんがＢさんに告白《こくはく》したら、Ｃくんを傷《きず》つけるかもしれません。また、Ｂさんと付《つ》き合《あ》うことになっても、Ｃくんに対《たい》して、いつも後《うし》ろめたさ[1]を感《かん》じるかもしれません。

Ａくんは、断《ことわ》られるかもしれませんが、Ｂさんに告白《こくはく》したいと思っています。それは試《ため》してみないであきらめてしまった自分を後悔《こうかい》したくないからです。反面《はんめん》、Ａくんは友だちのＣくんのことも大切にしたいと思っています。Ａくんは、今、自分はどうすべきか、深《ふか》く悩《なや》んでいます。

1 後《うし》ろめたさ：表面《ひょうめん》には出さないが、心の中で「悪いことをしている」と思うこと。

質問

1. 誰《だれ》と誰《だれ》が付《つ》き合《あ》っていましたか。

2. Aくんは、どうしてBさんへの気持ちを抑《おさ》えましたか。

3. 二人が別れたあと、三人は会っていますか。

4. Aくんの悩《なや》みは何ですか。

考えましょう

1. 下のAくんの考《かんが》えについて、あなたは共感《きょうかん》しますか。この考《かんが》えについて、どう思いますか。
「二人が恋人《こいびと》になったあとも、Bさんに好《す》きな気持ちを持っていることは友だちのCくんを裏切《うらぎ》ることだ。」

2. もし、AくんとBさんが付《つ》き合《あ》ったら、Cくんが傷《きず》つくと思いますか。

3. あなたがAくんの立場《たちば》だったら、Bさんに告白《こくはく》しますか。それはどうしてですか。

ケース

16 友だちとの旅行

登場人物《とうじょうじんぶつ》

Aくん（男性《だんせい》）
Aくんの友だちBくん（男性《だんせい》）
Aくんの友だちCくん（男性《だんせい》）
Cくんの奥《おく》さん
Aくんの幼《おさな》なじみDさん（女性《じょせい》）

Aくん、Bくん、Cくんは10年以上の付《つ》き合《あ》いのある親友《しんゆう》です。三人は、Cくんの結婚《けっこん》したばかりの奥《おく》さん、Aくんの幼《おさな》なじみのDさんも誘《さそ》って、全部《ぜんぶ》で五人で旅行することになりました。Dさんはもともと Aくんの幼《おさな》なじみなので、Bくん、Cくん、Cくんの奥《おく》さんの三人とはお互《たが》いに名前を知っているぐらいの関係《かんけい》でしたが、Aくんは、Dさんもすぐにみんなと親《した》しくなれると思っていました。

目的地《もくてきち》まではかなりの長距離《ちょうきょり》でしたが、電車の中でゲームをしたり、車窓《しゃそう》から景色《けしき》を眺《なが》めたりして、楽しく過《す》ごしました。このとき、みんなで相談《そうだん》した上で、旅行中にかかる食費《しょくひ》、入場券《にゅうじょうけん》、宿泊費《しゅくはくひ》などのみんなで使うお金は基本的《きほんてき》に割《わ》り勘《かん》にして、おみやげなどの個人《こじん》が買いたいものは自分で払《はら》うことにしました。そこで、前《まえ》もって一人10,000円ずつ集めて、食費《しょくひ》や入場券《にゅうじょうけん》などはそこからまとめて払《はら》うことにしました。その五人分のお金の管理《かんり》をDさんに任《まか》せることにしました。

いよいよ目的地《もくてきち》に着きました。昼間は美《うつく》しい風景《ふうけい》を眺《なが》め、夕方になったら地元《じもと》の名物《めいぶつ》を堪能《たんのう》し、夜はホテルでテレビを見ながら、おしゃべりをして、楽しい時間を過《す》ごしました。しかし、最初《さいしょ》に集めたお金が底《そこ》をつきそうになったので、Dさんがみんなに「追加《ついか》で5,000円ずつ集めるね」と知らせました。そこで問題が発生《はっせい》しました。

その晩《ばん》、ＢくんとＣくんとＣくんの奥《おく》さんの三人がこっそりＡくんを呼《よ》び出《だ》したのです。Ａくんは三人の話を聞いて、ショックを受《う》けました。「さっき、僕《ぼく》たち計算《けいさん》してみたんだけど、金額《きんがく》が合《あ》わないんだよね。前に集めた50,000円、本当《ほんとう》に残《のこ》っていないのかなあ」とＢくんが切《き》り出《だ》しました。そして、Ｂくんたちの計算《けいさん》によると、あと5,000円ぐらいのお金が残《のこ》っているはずだと言うのです。Ａくんは、この話を聞いて、どうにも受《う》け入《い》れがたいと感《かん》じました。なぜなら、自分はＤさんの幼《おさな》なじみで、Ｄさんがお金をごまかしたりする人ではないと確信《かくしん》していたからです。しかし、念《ねん》のため、ＡくんはＤさんの部屋《へや》に行って、聞いてみることにしました。Ｄさんは、お金を保管《ほかん》していた袋《ふくろ》をＡくんに見せ、確《たし》かに50,000円は使《つか》い切《き》っており、残《のこ》っていないと言いました。このとき、Ｂくん、Ｃくん、Ｃくんの奥《おく》さんが部屋《へや》に入って来ました。Ｄさんは自分が疑《うたが》われていることに我慢《がまん》できずに、泣《な》き出《だ》してしまいました。それを見たＡくんは、三人に「お金というものは、何に使ったのか正確《せいかく》に思い出せないものじゃないか。それに今回《こんかい》の旅行でルートの計画からホテルの予約《よやく》まで手《て》配《はい》は全《すべ》てＤさんと僕《ぼく》の二人でやったんだよ。Ｄさんはみんなのために苦労《くろう》したんだから、たとえＤさんが5,000円を落《お》としたとしても、たかだか5,000円のために責《せ》めるべきではないんじゃないか」と言いました。しかし、Ｂくんたちは沈黙《ちんもく》のまま、納得《なっとく》できない様子《ようす》でした。Ａくんは、その三人の顔《かお》とＤさんの泣《な》き顔《かお》を見て、怒《いか》りが込《こ》み上《あ》げてきました。そして、自分の財布《さいふ》から3,000円を取《と》り出《だ》し、ベッドの上に置《お》いて、Ｄさんを連《つ》れて部屋《へや》を飛《と》び出《だ》してしまいました。結局《けっきょく》、Ａくんはその旅行中どころか、旅行が終わってからもその三人とは一言《ひとこと》も話していません。10年来《らい》の親友《しんゆう》とたった一度《いちど》の旅行で、絶交《ぜっこう》してしまったのです。

質問

1. Aくんと Bくん、Cくん、Dさんは、それぞれどんな関係《かんけい》ですか。

2. Dさんは、旅行中にどのような役目《やくめ》を任《まか》されましたか。

3. Bくん、Cくん、Cくんの奥《おく》さんは、Aくんを呼《よ》び出《だ》して、何と言いましたか。

4. Dさんは、どうして泣《な》き出《だ》してしまいましたか。

5. Aくんは、どうして部屋《へや》を飛《と》び出《だ》しましたか。

考えましょう

1. AくんとDさんの言動《げんどう》に問題があったと思いますか。あったとしたら、それはどんな問題ですか。あなたがAくんだったら、同じことをしたと思いますか。

2. Bくん、Cくん、Cくんの奥《おく》さんの言動《げんどう》に問題があったと思いますか。

3. Aくんは、Bくん、Cくんとの関係《かんけい》を修復《しゅうふく》できると思いますか。どのようにしたら修復《しゅうふく》できると思いますか。

4. あなたもお金の問題で友だちとの関係《かんけい》が悪くなった経験《けいけん》がありますか。

17

第3章　アルバイト

18

19

20

21

ケース

17 お客様《きゃくさま》は神様《かみさま》？

登場人物《とうじょうじんぶつ》

留学生《りゅうがくせい》のAさん
アルバイト先の先輩《せんぱい》Bさん

Aさんは今年日本に来た留学生《りゅうがくせい》です。学費《がくひ》は両親《りょうしん》に送ってもらっていますが、生活費《せいかつひ》の一部《いちぶ》はアルバイトで稼《かせ》いでいます。今は居酒屋《いざかや》と弁当屋《べんとうや》のアルバイトをしています。

ある日、居酒屋《いざかや》のアルバイト中に、店の前で呼《よ》び込《こ》みをしていたときのことです。「タイムサービス・飲み放題《ほうだい》！」という看板《かんばん》を見ていたお客《きゃく》さんが二人、店に入ろうとしました。しかし、時計を見たAさんは、もうタイムサービスの時間が終わっていることに気《き》づきました。そして、そのお客《きゃく》さんに「申《もう》し訳《わけ》ございません。ただいまですと、もう飲み放題《ほうだい》はやっていないんです」と言いました。お客《きゃく》さんは「あっそう。わかりました」と言って店に入って行きました。

そのあとすぐ、先輩《せんぱい》のBさんがAさんに「Aさん、あのお客《きゃく》さんのところに行って謝《あやま》って！」と言いました。さっきのお客《きゃく》さんがBさんに飲み放題《ほうだい》のことを質問したため、Aさんが間違《まちが》った説明《せつめい》をしたのだと勘違《かんちが》いされたのです。Aさんは、なぜ謝《あやま》らなければならないのかわかりませんでしたが、すぐにお客《きゃく》さんのところに行って「あの……さっきご説明《せつめい》したとおり、今の時間だと飲み放題《ほうだい》はやっていないんですよ」と言いました。

しばらくしてＡさんはＢさんから店の奥《おく》に呼《よ》ばれました。「Ａさん、さっきはどうして謝《あやま》らなかったの？　お客《きゃく》さんに飲み放題《ほうだい》の時間のこと、ちゃんと説明《せつめい》したの？」「はい、もう時間は終わっていると言いました」「そうだとしても、こういうときはとりあえずすぐに謝《あやま》ってね」。Ａさんは、お客《きゃく》さんが店に入る前にちゃんと謝《あやま》ったし、そのお客《きゃく》さんはそれを知っていて店に入ったはずなのに、なぜ謝《あやま》らないといけないんだろうと、少し納得《なっとく》がいきませんでした。

また、別の日には、女性《じょせい》のお客《きゃく》さんから「これは私が頼《たの》んだ料理と違《ちが》うんじゃないかしら……」と言われました。Ａさんは記憶力《きおくりょく》に自信《じしん》があるし、お客《きゃく》さんは自信《じしん》がなさそうだったので、きっとお客《きゃく》さんの勘違《かんちが》いだろうと思い、「お客様《きゃくさま》が注文《ちゅうもん》なさったのは、こちらですけど……」と言いました。すると、Ｂさんがあわててやってきて「申《もう》し訳《わけ》ございません。すぐにお取《と》り換《か》えいたします」と言いました。店の奥《おく》に連《つ》れて行かれたＡさんは、Ｂさんに「もしＡさんが間違《まちが》っていないと思っても、とりあえず謝《あやま》って！　日本には「お客様《きゃくさま》は神様《かみさま》です」という言葉《ことば》があるんですよ」と言われました。

確《たし》かに、お客《きゃく》さんの気持ちを考えるのは大切なことだと思います。それでも、明《あき》らかに自分が正しく、相手《あいて》が間違《まちが》っているときには、相手《あいて》がお客《きゃく》さんでも「間違《まちが》っていますよ」と言ってもいいのではないでしょうか。謝《あやま》ったら、自分が間違《まちが》えたとか、悪いことをしたと認《みと》めたことになってしまいます。

Ａさんは、日本では多くの店でお客《きゃく》さんに対して丁寧《ていねい》な接客《せっきゃく》をしていることに驚《おどろ》き、「自分の国にもこんなサービスがあったらいいのに」と感《かん》じています。アルバイトを通《つう》じて日本のすばらしい接客《せっきゃく》サービスを学《まな》んで帰ろうとも思っています。しかし、この「自分が正しくてもお客様《きゃくさま》にはとりあえず謝《あやま》る」という考え方には、どうしても納得《なっとく》することができません。

質問

1. 居酒屋《いざかや》に入ろうとしたお客《きゃく》さんは、なぜその店に入ろうとしたのですか。

2. Aさんは、店に入ろうとしたお客《きゃく》さんに何と言いましたか。

3. それを聞いたお客《きゃく》さんは、何と言いましたか。

4. BさんがAさんに「あのお客《きゃく》さんのところに行って謝《あやま》って！」と言ったのはなぜですか。

5. 女性《じょせい》のお客《きゃく》さんの言葉《ことば》について、Aさんは正しいと思っていますか。Bさんは、Aさんの行動についてどう思っているのでしょうか。

考えましょう

1. Bさんは、どうして「とりあえず謝《あやま》ったほうがいい」と思っているのでしょうか。

2. Ａさんは、どうして「とりあえず謝《あやま》る」ことに納得《なっとく》できないのでしょうか。あなたは、Ａさんの考え方に共感しますか。

3. あなたは、自分が悪くないのに謝《あやま》った経験《けいけん》がありますか。それは、どんなときですか。

4. Ａさんは、今後《こんご》同じようなことがあったら、自分が悪くなくても謝《あやま》るべきだと思いますか。それはどうしてですか。

ケース

18　会社の予算《よさん》を超《こ》えちゃった

登場人物《とうじょうじんぶつ》

留学生《りゅうがくせい》のＡさん
Ａさんの国から来た学生

Ａさんは今、大学院《だいがくいん》に通う留学生《りゅうがくせい》ですが、去年、日本のあるベンチャー企業《きぎょう》でインターンシップをしていました。３か月間の研修期間《けんしゅうきかん》はとても充実《じゅうじつ》したもので、上司《じょうし》に信頼《しんらい》され、その他《ほか》の会社の人たちともいい関係《かんけい》を築《きず》くことができました。大学院《だいがくいん》を修了《しゅうりょう》してから、この会社で働《はたら》けたらいいなと思っています。今年、大学院《だいがくいん》に進学《しんがく》するために再来日《さいらいにち》したＡさんは、ときどきこの会社からアルバイトを頼《たの》まれると、引《ひ》き受《う》けています。

Ａさんはあるとき、自分の国から来た７人の学生たちを空港《くうこう》で出迎《でむか》え、食事をしたあとでホテルまで送《おく》り届《とど》けるアルバイトを頼《たの》まれました。会社からは、「重要《じゅうよう》なお客様《きゃくさま》というわけではないから、食事代は一人あたり2,000円以内《いない》にしてください」という指示《しじ》がありました。Ａさんは「普通《ふつう》の食事なら飲み物を入れても1,500円ぐらいで食べられますから、問題ないと思います」と答えました。

Ａさんは交通手段《こうつうしゅだん》などきちんと調《しら》べて準備《じゅんび》したので、仕事は順調《じゅんちょう》に進《すす》んで行きました。ところが、問題が一つ起こってしまいました。食事をするときのことです。Ａさんは礼儀《れいぎ》として、「皆《みな》さん何を召《め》し上がりますか。好《す》きなお店を言ってください」と言いました。Ａさんは会社のイメージのために「2,000円以内《いない》」と言わず、「好《す》きな店を選《えら》んでください」と言ったのです。そして、予算《よさん》に合《あ》った店を示《しめ》して、「この店はどうですか」と提案《ていあん》してみました。Ａさんは学生が自分の提案《ていあん》した店に入ると思ったのです。ところが、遠慮《えんりょ》のない学生たちは予想《よそう》に反《はん》して、他《ほか》の高そうな店を選《えら》びました。Ａさんはしかたなく、その店に入ることにしました。

最後《さいご》に会計《かいけい》をすると16,100円で、一人あたりにすると2,300円になってしまいました。Ａさんは念《ねん》のため、領収書《りょうしゅうしょ》を14,000円と2,100円の２枚《まい》に分けてもらいました。Ａさんは、会社に領収書《りょうしゅうしょ》を２枚提出《ていしゅつ》したらいいか、14,000円の領収書《りょうしゅうしょ》だけ提出《ていしゅつ》したらいいか悩《なや》んでいます。14,000円の領収書《りょうしゅうしょ》だけを渡《わた》したら、Ａさんは完璧《かんぺき》に仕事をこなしたことになります。しかし、2,100円を自分が負担《ふたん》することになってしまいます。一方《いっぽう》、２枚の領《りょう》収書《しゅうしょ》を渡《わた》したら、Ａさんは会社の指示《しじ》を守《まも》らなかったことになり、Ａさんに対《たい》する会社のイメージが悪くなるかもしれません。ちなみに、この日のアルバイト代は時給《じきゅう》900円で、全部《ぜんぶ》で5,400円です。

質問

1. Aさんは、どんなアルバイトをすることになりましたか。

2. Aさんは、どうして予算《よさん》のことを学生に言いませんでしたか。

3. Aさんは、どうして領収書《りょうしゅうしょ》を２枚《まい》に分けてもらいましたか。

考えましょう

1. Aさんの言動《げんどう》に問題があったと思いますか。それはどうしてですか。

2. Aさんは、どうしたらいいと思いますか。それはどうしてですか。

3. あなたもアルバイト先《さき》で、与《あた》えられた職務《しょくむ》がこなせなかったり、期待《きたい》にこたえられなかったりした経験《けいけん》がありますか。そのとき、どうしましたか。

ケース
19 もらえなかったアルバイト代

登場人物《とうじょうじんぶつ》

留学生《りゅうがくせい》のAさん
同じ寮《りょう》に住んでいる友だちのBさん
アルバイト先《さき》の事務員《じむいん》

Aさんは1年間の交換留学《こうかんりゅうがく》で日本に来ました。Aさんの国では学生がアルバイトをするのは、あまり一般的《いっぱんてき》ではありません。しかし、日本にいる間に勉強以外の経験《けいけん》もしてみたいと思い、冬休みに短期《たんき》のアルバイトをすることにしました。Aさんにとって、生まれて初《はじ》めてのアルバイトです。同じ寮《りょう》に住んでいる友だちのBさんもいっしょにスーパーでおせち料理[1]の試食《ししょく》をお客《きゃく》さんにすすめるアルバイトに応募《おうぼ》して、採用《さいよう》されました。

アルバイトは年末《ねんまつ》の三日間だけでしたが、お客《きゃく》さんに試食《ししょく》をすすめる仕事は想像《そうぞう》以上に大変《たいへん》でした。お客《きゃく》さんから商品《しょうひん》についての質問がよくあるのですが、質問に答えられないばかりか、何を言っているのか理解《りかい》できないこともありました。また、そんなに長い時間立ちっぱなしの経験《けいけん》がなかったので、足が棒《ぼう》のようになり、体力的《たいりょくてき》にもう限界《げんかい》だと思いました。

二日目のアルバイトが終わったあと、他《ほか》のスーパーに派遣《はけん》されたBさんと寮《りょう》で話しました。Bさんももう限界《げんかい》で、三日目は行きたくないと言い出しました。Aさんも同じ気持ちでした。二人は、なんとかバイトに行かずにすむ方法《ほうほう》はないかと考えました。そして、体《たい》調《ちょう》が悪いので休ませてくれるように頼《たの》むことにしました。Aさんが会社に電話をかけ、体《たい》調《ちょう》が悪いので休ませてくれるように頼《たの》むと、事務所《じむしょ》の人は「AさんもBさんもですか」とびっくりしているようでした。Aさんは、仮病《けびょう》[2]がばれてしまったと感《かん》じました。事務所《じむしょ》の人は「アルバイトできる人が少ないので、できれば来てほしい」と困《こま》っているようだったので、考え直《なお》して、頑張《がんば》って三日目もアルバイトを続《つづ》けることにしました。

しかし、次《つぎ》の日の朝、急に事務所《じむしょ》から電話がかかって来て、「今日はもう無理《むり》にやらなくてもいいですよ」と言うのです。そして、「その代わりに事務所《じむしょ》の大掃除《おおそうじ》がありますので、Ｂさんといっしょに、スーパーじゃなくて、こちらの事務所《じむしょ》の掃除《そうじ》をしてくれませんか」と言うのです。Ａさんたちは、スーパーへ行かなくてもよくなったので、ラッキーだと思って、事務所《じむしょ》へ行くことにしました。事務所《じむしょ》はそれほど広くなく、二人で掃除《そうじ》をするのは大変《たいへん》ではありませんでした。その上、事務所《じむしょ》の人と楽しくおしゃべりをし、昼ご飯や年越《としこ》しそば[3]までご馳走《ちそう》してもらいました。しかし、一つ疑問《ぎもん》がありました。その日の給料《きゅうりょう》はもらえるのだろうか……という疑問《ぎもん》です。それでも、親切な事務所《じむしょ》の人に給料《きゅうりょう》のことが聞けないまま、家に帰りました。

１か月後《ご》、会社からお給料《きゅうりょう》が銀行口座《こうざ》に振《ふ》り込《こ》まれましたが、計算《けいさん》してみると、やはり三日目の給料《きゅうりょう》が入っていませんでした。Ａさんはちょっとがっかりしましたが、嘘《うそ》をついて仕事をサボろうとした後《うし》ろめたさ[4]もあり、また、昼ご飯やそばまでご馳走《ちそう》になったのだから、会社に請求《せいきゅう》しづらいと思いました。しかし、Ｂさんはアルバイト代が支払《しはら》われなかったことについて、とても怒《おこ》っていて、「給料《きゅうりょう》をくれないんだったら、スーパーで働《はたら》けばよかった」と言っています。ＡさんはＢさんに「でも、私たちは仕事をサボろうとしたわけだし、あの日、たくさんご馳走《ちそう》になったし……」と言うと、「ご馳走《ちそう》は、むこうが勝手《かって》にしてくれたんでしょう」「交通費《こうつうひ》すらもらってないんだよ」と言いました。Ａさんは、Ｂさんの言うことにも一理《いちり》あると思いつつ、事務所《じむしょ》にお給料《きゅうりょう》を請求《せいきゅう》するべきかどうか、決《き》められずにいます。

1 おせち料理：お正月《しょうがつ》の特別《とくべつ》な料理。

2 仮病《けびょう》：本当《ほんとう》は病気じゃないのに病気のふりをすること。

3 年越《としこ》しそば：12月31日に長寿《ちょうじゅ》（長生《ながい》き）を願《ねが》って食べるそば。

4 後《うし》ろめたさ：自分に悪い点があって、心が落《お》ち着《つ》かないこと。

質問

1. Aさんたちのアルバイトは、どんなアルバイトですか。

2. Aさんたちは、アルバイトをサボるために、どんなことをしましたか。

3. Aさんたちが三日目もアルバイトに行くことにしたのは、どうしてですか。

4. アルバイト三日目の朝、事務所《じむしょ》からどんな電話がありましたか。

5. 三日目のアルバイトのあとで、Aさんはどんな疑問《ぎもん》を持ちましたか。

6. Aさんは、どうして三日目のアルバイト代を請求《せいきゅう》しづらいと思っていますか。

7. Bさんは、どうして三日目のアルバイト代を請求《せいきゅう》するべきだと思っていますか。

考えましょう

1. Aさんのこれまでの言動《げんどう》に問題があったと思いますか。あったとしたら、それはどんな問題ですか。Aさんは、どのように行動《こうどう》するべきだったと思いますか。

2. 会社は、どうしてAさんたちにアルバイト代を払《はら》わなかったと思いますか。

3. あなたはAさんとBさん、それぞれの考え方について、どう思いますか。

4. あなたがAさんの立場《たちば》だったら、どうすると思いますか。それはどうしてですか。

ケース

20 誘《さそ》いを断《ことわ》っても大丈夫《だいじょうぶ》？

登場人物《とうじょうじんぶつ》

留学生《りゅうがくせい》のAさん（女性《じょせい》）
アルバイト先《さき》のカフェのオーナー（男性《だんせい》）
カフェの店員Bさん（女性《じょせい》）

Aさんは日本に来て２年が経《た》ちました。留学の費用《ひよう》は両親《りょうしん》に送ってもらっていますが、足りない分《ぶん》はアルバイトで稼《かせ》いでいます。最初《さいしょ》は日本語があまり話せなかったので、工場などで日本語を使わなくてもできるアルバイトをしていましたが、もっと日本語が使えるアルバイトがしたいとずっと思っていました。

そんなとき、Aさんは知《し》り合《あ》いに紹介《しょうかい》してもらって、小さなカフェで週に３回《かい》、アルバイトをすることになりました。このカフェは家からも学校からも近く、おしゃれな雰囲気《ふんいき》で、とても気《き》に入《い》りました。仕事もそれほど大変《たいへん》ではなく、日本語を使う機会《きかい》もたくさんあります。Aさんは、自分も将来《しょうらい》このようなカフェを経営《けいえい》したいと思っていたので、このアルバイトができて、とてもうれしく思いました。まさに、Aさんにとって、理想《りそう》のアルバイトだったのです。

Aさんがカフェでアルバイトをする日にカフェで働《はたら》いているのは、40代後半《こうはん》のオーナーと、30歳《さい》ぐらいの女性《じょせい》Bさんの二人だけです。オーナーもBさんもとても親切に仕事を教えてくれました。ところが、アルバイトを始めて１か月ぐらい経《た》ったころ、Bさんが早く帰宅《たく》する日に限《かぎ》って、オーナーが「閉店後《へいてんご》にご飯でも食べに行こう」と誘《さそ》ってくるようになったのです。最初《さいしょ》は、ご馳走《ちそう》してもらえるし、それに、小さい店ですから、オーナーといい関《かん》係《けい》を維持《いじ》しなければと思い、誘《さそ》いに応《おう》じていました。でも、毎週誘《さそ》いが続《つづ》いたので、「勉強が忙《いそが》しい」などと理由《りゆう》をつけて、断《ことわ》りました。すると、オーナーがひどくがっかりした顔《かお》をするので、なんだかかわいそうになって、結局《けっきょく》、誘《さそ》いに応《おう》じてしまいました。それに、誘《さそ》いを断《ことわ》って、オーナーを怒《おこ》らせて、アルバイトを辞《や》めさせられたりするのも嫌《いや》でした。日本の職場《しょくば》では、よく仕事のあとに、上司《じょうし》や同僚《どうりょう》と親睦《しんぼく》のためにご飯を食べたり、お酒《さけ》を飲んだりするという話も聞いたことがあります。これが日本の職場《しょくば》の文化《ぶんか》だからしょうがないと思うようにしています。

また、最近《さいきん》では「今日の髪型《かみがた》すごくセクシーでいいね」とか、「Ａさんは足が細《ほそ》くてきれいなんだから、もっと短《みじか》いスカートをはいて来てよ」などと言ってきます。そのような目で見られているのが嫌《いや》ですが、このようなときもどんな反応《はんのう》をしていいのかわからず、ただ笑《わら》っています。

アルバイト自体《じたい》は、日本語の勉強になるし、お給料《きゅうりょう》も悪くないし、また、将来《しょうらい》自分のカフェを始めるときのために勉強になることが多く、とても気《き》に入《い》っています。だから、オーナーとの関係《かんけい》で辞《や》めたくないと思っています。Ａさんはオーナーとどのように付《つ》き合《あ》っていったらいいのか悩《なや》んでいます。

質問

1. Aさんは、最初《さいしょ》にオーナーに誘《さそ》われたときに、どうして誘《さそ》いに応《おう》じましたか。

2. そのあとで、Aさんは、どうしてオーナーの誘《さそ》いを断《ことわ》れませんでしたか。

3. Aさんは、オーナーから「今日の髪型《かみがた》すごくセクシーでいいね」などと言われたときに、どのような反応《はんのう》をしていますか。それはどうしてですか。

4. Aさんが、このアルバイトを辞《や》めたくない理由《りゆう》は何ですか。

考えましょう

1. Aさんのこれまでの言動《げんどう》に問題があったと思いますか。あったとしたら、それはどんな問題ですか。

2. オーナーの言動《げんどう》に問題があったと思いますか。またオーナーは、どうしてこのようなことを言ったり、したりしたと思いますか。

3. Aさんは、これからどうするべきだと思いますか。

ケース

21 アルバイトの先輩《せんぱい》が……どうしよう！

登場人物《とうじょうじんぶつ》

大学生のAさん
アルバイト先《さき》の店長《てんちょう》
アルバイト先《さき》の先輩《せんぱい》Bさん

大学生のAさんは、あるチェーンのレストランでアルバイトをしています。このレストランで働《はたら》き始めてから５か月ぐらい経《た》ちました。最初《さいしょ》はいろいろな失敗《しっぱい》をしましたが、今では仕事にも慣《な》れ、ずいぶん楽《らく》になってきました。このレストランは、店長《てんちょう》と厨房《ちゅうぼう》のコック以外は全員《ぜんいん》アルバイトで運営《うんえい》されています。店長《てんちょう》や先輩《せんぱい》たちはとてもやさしくて、中でも先輩《せんぱい》のBさんは、アルバイト仲間《なかま》のリーダー的《てき》な存在《そんざい》です。Bさんは３年前からこのレストランでアルバイトをしていて、チーフになっています。頭《あたま》がよく、仕事ができ、リーダーシップがあり、職場《しょくば》の人たちにとても人気《にんき》があります。店長《てんちょう》もBさんのことをとても信頼《しんらい》しているようで、いつもBさんに「お願《ねが》いだから辞《や》めないでね」、「Bさんがいるから安心して休暇《きゅうか》が取《と》れるよ」などと言うほどです。実際《じっさい》、店長《てんちょう》はBさんの出勤日《しゅっきんび》に合《あ》わせて休みを取《と》っているようです。Bさんは店で何か問題が起きても、うまく処理《しょり》し、解決《かいけつ》することができるのです。一方《いっぽう》、店長《てんちょう》は去年このレストランを経営《けいえい》する会社に入社《にゅうしゃ》して、この店に店長《てんちょう》として配属《はいぞく》されたばかりで、Bさんのほうが、よほど仕事の能力《のうりょく》があるのです。こんなBさんのことをAさんは尊敬《そんけい》していました。

ある日、Aさんが、店長《てんちょう》に頼《たの》まれた仕事をしてから、いつもより遅《おそ》く更衣室《こういしつ》に行くと、Bさんがいました。BさんはAさんが更衣室《こういしつ》に入ると、あわててかばんに何かを隠《かく》しました。ちらりと見えたそれは、お店で出している１リットルのジュースのパックでした。Bさんは「賞味期限《しょうみきげん》が切《き》れそうな食材《しょくざい》や飲み物は、どうせ捨《す》てるから、持って帰っていいと店長《てんちょう》が言った」と説明《せつめい》しました。Aさんはそんな話は聞いたことがありませんでした。Bさんは「Aさんも１本持って行きなよ」と言って、Aさんのかばんにジュースを入れました。Aさんは「要《い》らないです」と返《かえ》そうとしました。Bさんがあわてて隠《かく》したのが変《へん》だと思ったからです。でも、Bさんが何度《なんど》もすすめるので、Bさんとの関係《かんけい》が悪くなるのは嫌《いや》だと思って、そのまま家に持って帰りました。家に帰ってよく見ると、そのジュースの賞味期限《しょうみきげん》はまだまだ先《さき》でした。おかしいと思いつつも、たかが[1]ジュース１本のことと思って飲んでしまいました。

Ａさんは、その日からＢさんの自分に対《たい》する態度《たいど》が変《か》わったのに気《き》がつきました。自分には前よりもやさしくて、よく話しかけてくれますし、Ｂさんが仕事をアルバイトに分担《ぶんたん》するときに自分には楽《らく》な仕事をさせてくれるのです。Ａさんは先日《せんじつ》のことが気になったのですが、Ｂさんが本当《ほんとう》にお店のジュースを盗《ぬす》んだと断定《だんてい》することもできません。それよりも、Ｂさんに特別扱《とくべつあつか》いをしてもらえる特権《とっけん》のほうが魅力的《みりょくてき》に思え、Ｂさんの言ったことを信《しん》じ、そのまま過《す》ごすことにしました。

しかし、ある日、本社《ほんしゃ》から検査員《けんさいん》が来ることになりました。そのお店のさまざまなチェックポイントについて検査《けんさ》を行い、評価《ひょうか》をするのです。店長《てんちょう》はそのための準備《じゅんび》に取《と》りかかりました。そして、忙《いそが》しくてチェックしていなかった、食材《しょくざい》の仕入数《しいれすう》、使用数《しようすう》と、廃棄数《はいきすう》を照合《しょうごう》してみました。すると、いくつかの食材《しょくざい》の数《かず》が合《あ》わないことに気《き》づきました。店長《てんちょう》は、従業員《じゅうぎょういん》とアルバイト全員《ぜんいん》を集《あつ》めて、このことについて話し、「何か知らないか」と聞きました。Ａさんはどきどきしながら、Ｂさんを見ましたが、Ｂさんは何食《なにく》わぬ顔《かお》[2]をして立っているだけでした。

1　たかが：程度《ていど》や数《かず》が小さくて、問題にするほどの価値《かち》のないという気持ちを表《あらわ》す副詞《ふくし》。

2　何食《なにく》わぬ顔《かお》：自分がしたことが人に知られたら困《こま》るときにする、何もなかったような顔《かお》。

質問

1. Bさんは、みんなにどのように思われていますか。

2. Aさんは、変《へん》だと思ったのに、どうしてジュースを受《う》け取《と》ってしまいましたか。

3. 事件《じけん》の日から、Bさんの態度《たいど》はどのように変《か》わりましたか。

4. Aさんは、どうして事件《じけん》の日も、その後《ご》も「そのまま」にすることにしましたか。

考えましょう

1. Aさん、Bさんは、それぞれどのような人だと思いますか。

2. このあと、どうなると思いますか。起こりうる「最悪《さいあく》の」シナリオを考えてください。

3. Aさんのこれまでの言動《げんどう》に問題があったと思いますか。あったとしたら、それはどのような問題ですか。Aさんは、どのように行動《こうどう》するべきだったと思いますか。

4. Aさんは、これからどうしたらいいと思いますか。

5. あなたもアルバイト先《さき》などで、同じような経験《けいけん》をしたことがありますか。

第4章　大学生活

26 27 28 29

34

ケース

22 大学って何をするところ？

登場人物《とうじょうじんぶつ》

留学生《りゅうがくせい》のＡさん
ＡさんのともだちＢさん
Ａさんの友だちＣさん

Ａさんは、今25歳《さい》です。今年の４月大学に入学しました。Ａさんは、国の高校を卒業《そつぎょう》してから貿易《ぼうえき》会社に入りましたが、仕事は毎日忙《いそが》しくてゆっくり何かを考える時間もありませんでした。そのうち、Ａさんは「勉強したい」という気持ちになりました。もともと日本に興味《きょうみ》があり、高校で日本語の授業《じゅぎょう》を取《と》っていたこともあって、日本の大学に進学《しんがく》したいと思うようになりました。Ａさんは、働《はたら》きながら少しずつお金をためて学費《がくひ》を準備《じゅんび》するかたわら、日本語やその他《ほか》の科目《かもく》の勉強も頑張《がんば》って、無事《ぶじ》に日本の大学の経済学部《けいざいがくぶ》に合格《ごうかく》することができました。

しかし、大学の授業《じゅぎょう》は、Ａさんが予想《よそう》していたものと違《ちが》いました。１年生のうちは、大教《だいきょう》室《しつ》で行われる一般教養《いっぱんきょうよう》の授業《じゅぎょう》と20人ぐらいの演習《えんしゅう》クラスがあります。一般教養《いっぱんきょうよう》の授業《じゅぎょう》は、大人数《おおにんずう》で、先生が一方的《いっぽうてき》に講義《こうぎ》をするスタイルで、内容《ないよう》は先生の教科書《きょうかしょ》に書かれていることそのままでした。質問をすれば、もっと多くのことを学べると思うのですが、500人もいる大教室《だいきょうしつ》で質問をすると授業《じゅぎょう》の進行《しんこう》のじゃまになってしまう気がして、できませんでした。「これなら教科書《きょうかしょ》を読むだけでいいんじゃないか」とＡさんはちょっと物足《ものた》りなさ[1]を感《かん》じました。

それでもＡさんは「演習《えんしゅう》クラスなら、人数《にんずう》も少ないし、もう少し活発《かっぱつ》な議論《ぎろん》ができるに違《ちが》いない」と期待《きたい》していました。しかし、教室に入ると学生たちは後ろのほうにばかり座《すわ》っていて、中には寝《ね》ている学生もいます。先生に質問をする学生は誰《だれ》もいません。自分は、ちゃんと授業《じゅぎょう》を聞きたいと思って、前のほうに座《すわ》るのですが、一人だけぽつんと孤立《こりつ》している感《かん》じがします。

演習《えんしゅう》クラスでは、各自《かくじ》テーマを決めて口頭発表《こうとうはっぴょう》を１回《かい》行うことになっていました。Ａさんは「BOP[2]ビジネスの事例《じれい》」について発表《はっぴょう》をしました。この発表《はっぴょう》のために最新《さいしん》の資料《しりょう》を集め、きちんと準備《じゅんび》をして臨《のぞ》みました。しかし、発表《はっぴょう》が終わっても、他《ほか》の学生からは質問がありません。先生が学生を促《うなが》しても、「とてもよかったです」といった簡単《かんたん》な感想《かんそう》しかもらえませんでした。先生からはいくつか質問や指摘《してき》をしてもらったのですが、学生同士《どうし》の活発《かっぱつ》な意見交換《こうかん》は期待《きたい》できないようでした。その上、他《ほか》の学生の発表《はっぴょう》は、インターネットの情報《じょうほう》をそのまま持ってきただけで考察《こうさつ》もほとんどありませんでした。特にそのテーマに興《きょう》味《み》があって選《えら》んだわけではなく、課題《かだい》だから一応《いちおう》やったという感《かん》じでした。

あるとき、アルバイト先《さき》の友人《ゆうじん》で日本人のＢさんとＣさんに相談《そうだん》しました。Ｂさんは、大学卒業後《そつぎょうご》、アルバイトをしながらプロの小説家《しょうせつか》を目指《めざ》している人で、Ｃさんは、他《ほか》の大学の３年生です。Ｂさんは「大学１年生だし、まだ高校の続《つづ》きという気持ちがあるんじゃないか」と言っていました。また、Ｂさんは、「勉強したいなら、自分でどんどん本を読んで知《ち》識欲《しきよく》を満《み》たせばいい」とも言いました。Ｃさんは、「大学は４年間自由《じゆう》に時間が使えるところ。この４年間をどう使うかは人によって違《ちが》ってもいい。僕《ぼく》は勉強よりサークル中心《ちゅうしん》の生活《せいかつ》だけど、充実《じゅうじつ》しているよ」と言います。しかし、Ａさんは社会人経験《けいけん》もあるし、サークルやいろいろな経験《けいけん》をするよりもとにかく知識《ちしき》を得《え》たいと思っています。そして、その知《ち》識《しき》は、先生の指導《しどう》やクラスメートとの切磋琢磨《せっさたくま》[3]によって磨《みが》かれていくと思っています。結《けっ》局《きょく》、ＢさんやＣさんのアドバイスに光明《こうみょう》を見出《みいだ》す[4]ことはできませんでした。

最近《さいきん》では、Ａさんは自分の大学に対《たい》する認識《にんしき》が違《ちが》っていたのだろうかと考え始めました。それでは、有意義《ゆういぎ》な大学生活《せいかつ》を送るために、大学生は何をするべきなのだろうか、とＡさんは考えます。しかし、まだ答えは出ていません。

1 物足《ものた》りなさ：何かが不足《ふそく》しているようで、不満《ふまん》な感《かん》じ。

2 BOP：Base of the Pyramid

3 切磋琢磨《せっさたくま》：友だち同士《どうし》で励《はげ》まし合ったり、競争《きょうそう》したりして、いっしょに向上《こうじょう》すること。

4 光明《こうみょう》を見出《みいだ》す：希望《きぼう》や可能性《かのうせい》を見つけること。

質問

1. Aさんは、大学に来る前は、何をしていましたか。

2. Aさんは、大学に入るためにどんな努力《どりょく》をしましたか。

3. Aさんは、大学の勉強について、どのように思っていますか。

4. BさんとCさんは、Aさんの相談《そうだん》に対《たい》して、どう答えていますか。

考えましょう

1. Aさんが一般教養《いっぱんきょうよう》の授業《じゅぎょう》や、演習《えんしゅう》クラスで経験《けいけん》したことについて、どう思いますか。

2. BさんやCさんのアドバイスについて、どう思いますか。

3. Ａさんのこれまでの言動《げんどう》に問題があったと思いますか。あったとしたら、それはどんな問題ですか。Ａさんは、どのように行動《こうどう》するべきだったと思いますか。

4. Ａさんは、これからどうしたらいいと思いますか。あなたがＡさんの立場《たちば》だったら、どうしますか。

5. あなたは、大学生は、大学で何をするべきだと考えますか。

ケース

23 クラス発表《はっぴょう》の準備《じゅんび》

登場人物《とうじょうじんぶつ》

大学生のＡさん
大学生のＢさん

Ａさんは大学生で環境学《かんきょうがく》の授業《じゅぎょう》を受《う》けています。同じ授業《じゅぎょう》をＢさんも受《う》けています。Ｂさんは前にも同じ授業《じゅぎょう》を取《と》ったことがあるので、顔見知《かおみし》りですが、友だちというわけではありませんでした。この環境学《かんきょうがく》の授業《じゅぎょう》で二人一組《ひとくみ》になって、発表《はっぴょう》をするという課題《かだい》が出されました。最初《さいしょ》の授業《じゅぎょう》の日に発表《はっぴょう》のスケジュールといっしょに組《く》む人が決《き》められ、ＡさんはＢさんと組《く》むことになりました。発表《はっぴょう》は最後《さいご》のほうで、３か月先《さき》でした。ＡさんはＢさんと組《く》むことになって、ちょっと安心し、また、うれしく思いました。全然《ぜんぜん》知らない人と組《く》むより気が楽《らく》だし、それに、Ｂさんは社交的《しゃこうてき》で話しやすいので、以前《いぜん》から友だちになれたらいいなと思っていたからです。

Ａさんは、とてもまじめな性格《せいかく》です。発表《はっぴょう》の２か月ぐらい前に心配《しんぱい》になって、クラスでＢさんに会ったときに「いつから準備《じゅんび》を始めようか」とたずねました。Ｂさんからは「まだ時間があるから大丈夫《だいじょうぶ》だよ」と返事《へんじ》が返《かえ》ってきました。Ａさんは心配《しんぱい》なものの、あまり急《せ》かすのはよくないと思い、その後《ご》、１か月ぐらい遠慮《えんりょ》して、そのままにしていました。しかし、発表《はっぴょう》の１か月前になって、いよいよ心配《しんぱい》になり、クラスでＢさんに会ったときに「そろそろ準備《じゅんび》を始めなくちゃね」と言いました。すると、Ｂさんは「今週は忙《いそが》しいから、相談《そうだん》する時間がないなあ。Ａさんが一人で決《き》めていいから準備《じゅんび》を始めてよ。僕《ぼく》も考えておくからさ」と言うのです。Ａさんは納得《なっとく》できないまま、図書館で資料《しりょう》を探《さが》したり、発表《はっぴょう》の構成《こうせい》を考えたりし始めました。

次《つぎ》の週《しゅう》のクラスが終わったあとで、ＡさんはＢさんに「発表《はっぴょう》の案《あん》を考えてきたから、相談《そうだん》したいんだけど」と言いました。Ｂさんは、「おっ！　考えてくれたんだ。サンキュー。今日の午後は空いているけど、Ａさんも午後時間ある？」と言うので、「うん、いいよ。午後は予定《よてい》がないから」と答えました。Ｂさんは「じゃあ、これから昼ご飯を食べに行くから、ご飯のあとで学生自習室《じしゅうしつ》で相談《そうだん》しよう」と言いました。Ａさんは、「いっしょに昼ご飯を食べようと誘《さそ》ってくれればいいのに」と思いましたが、「うん、わかった。じゃあ、あとで自習室《じしゅうしつ》でね」と言って、別《わか》れました。

Ａさんは、昼ご飯を30分ぐらいで終わらせて、急いで自習室《じしゅうしつ》へ行きましたが、Ｂさんはなかなか現《あらわ》れませんでした。お昼ご飯だったら、１時間もかからないはずです。Ａさんは待っている時間がとても無駄《むだ》に思えてきました。明日は他《ほか》の科目《かもく》の試験があるので、勉強もしたいし、他《ほか》にやることはたくさんあります。最初《さいしょ》はいらいらしながら待っていましたが、だんだん悲《かな》しくなってきました。Ｂさんが現《あらわ》れたのは、２時を過《す》ぎてからでした。のんびりと友だちらしき[1]人とおしゃべりしながら入って来るではありませんか。しかも、自分をこんなに待たせたのに、「ごめん」の一言《ひとこと》もないのです。Ａさんは、ついかっと[2]なって、「２時間も待ってたけど、明日の試験の勉強があるから、もう帰る」と言って、自習室《じしゅうしつ》を飛《と》び出《だ》してしまったのです。

1　らしき：「らしい」の文語的《ぶんごてき》な言い方。名詞《めいし》の前の形《かたち》。

2　かっと：急に怒《おこ》る気持ちが強く起《お》こる様子《ようす》。

質問

1. Aさんは、Bさんと組《く》んで発表《はっぴょう》をすることになって、どんな気持ちでしたか。

2. Aさんは、どうしてBさんに「早く準備《じゅんび》を始めたい」と強く言えなかったのですか。

3. AさんはBさんと約束《やくそく》をして別れてから、どんな行動《こうどう》を取《と》り、どんな気持ちの変化《へんか》がありましたか。

考えましょう

1. AさんとBさんはそれぞれどんな性格《せいかく》だと思いますか。あなたは、どちらの性格《せいかく》に近いと思いますか。

2. Aさんのこれまでの言動《げんどう》に問題があったと思いますか。あったとしたら、それはどんな問題ですか。Aさんは、どのように行動《こうどう》するべきだったと思いますか。

3. Bさんの言動《げんどう》はどうですか。Bさんは、どうするべきだったと思いますか。

4. Aさんは、これからどうするべきだと思いますか。

5. あなたも性格《せいかく》の違《ちが》いが原因《げんいん》で、友だちやクラスメートとの間に問題が起《お》こったことがありますか。

ケース

24 グループワークで話してくれない人

登場人物《とうじょうじんぶつ》

留学生《りゅうがくせい》のAさん
大学生のBさん
大学生のCさん
その他《た》の学生

留学生《りゅうがくせい》のAさんは英語科目《かもく》を履修《りしゅう》しています。このクラスでは、グループでの発表《はっぴょう》を行うことになっています。Aさんのグループは6人で、この中には日本人学生も外国人留学《りゅうがく》生《せい》もいます。授業《じゅぎょう》では先週から発表《はっぴょう》の相談《そうだん》をしているのですが、困《こま》ったことがあります。グループでの話し合いに、まったく参加《さんか》してくれない人がいるのです。

日本人学生のBさんは、グループのメンバーが相談《そうだん》を始めてもまったく発言《はつげん》をしてくれません。他《ほか》のことをしたり居眠《いねむ》りをしたりするわけではなく、ただ黙《だま》っているのです。なんだか暗《くら》い顔《かお》をして座《すわ》っているので、発言《はつげん》がしにくくなり、グループの雰囲気《ふんいき》もだんだん悪くなってしまいました。

Aさんはこのまま雰囲気《ふんいき》が悪くなるのは嫌《いや》だなあと思い、次《つぎ》の週《しゅう》の話《はな》し合《あ》いのとき、Bさんに「〜と思うんだけど、Bさん、どう思いますか?」と聞いてみました。返事《へんじ》をするだけなら、発言《はつげん》するのが苦手《にがて》な人でも話しやすいかな、と思ったからです。Bさんは、ちょっとこちらを見て、小さい声《こえ》で「私もそう思います」とだけ言って、下を向《む》いてしまいました。それを見たもう一人の学生、Cさんも「発表《はっぴょう》のやり方は、分担《ぶんたん》してみんなが少しずつ発表《はっぴょう》するのがいいと思うんですが、どうでしょう。Bさん、どう思いますか?」と言いました。しかし、今度はBさんは「えっと……」と言ったきり黙《だま》ってしまい、Cさんの質問に答えませんでした。

授業《じゅぎょう》が終わると、Ｂさんはすぐに帰ってしまい、他《ほか》の学生たちはＢさんの話を始めました。「全然しゃべらないやつがいると、雰囲気《ふんいき》悪くなるよね」「うん、非協力的《ひきょうりょくてき》で嫌《いや》な感《かん》じ」「まあ、いいんじゃない。本人《ほんにん》が成績《せいせき》悪くていいんなら」「そうだよね。ああいう人のために話が進《すす》まないのは迷惑《めいわく》だし、こっちはこっちで進《すす》めればいいか」「ＡさんとＣさん、今日は頑張《がんば》ったよね！　でも、あの人には言っても無理《むり》だと思うよ」「Ｂさんね、あれでけっこう英語の成績《せいせき》いいんだよ。でも、話《はな》し合《あ》いとかは嫌《きら》いみたいだね」「授業《じゅぎょう》以外だと、友だちと楽しそうに話してるのも見たことあるけどね」

その日はそれで終わったのですが、Ｃさんはちょっと不満《ふまん》そうな顔《かお》をしていました。Ａさんも、メンバーの一人が参加《さんか》しないまま話《はな》し合《あ》いを進《すす》めることはあまりよくないと思っています。なんとかしてグループの雰囲気《ふんいき》をよくして、いい話《はな》し合《あ》いをしたいと思います。とはいえ、その日のＢさんの様子《ようす》を見る限《かぎ》り、話《はな》し合《あ》いに参加《さんか》する気がないようにも見えます。話《はな》し合《あ》いへの参加《さんか》を強要《きょうよう》すると、Ｂさんに迷惑《めいわく》だと思われてしまうのでしょうか。来週からどうすればいいのか、Ａさんは困《こま》ってしまいました。

質問

1. Bさんは、話《はな》し合《あ》いの間、どんな態度《たいど》ですか。

2. Bさんの態度《たいど》で、グループの雰囲気《ふんいき》はどうなりましたか。

3. その日、Aさんはどんなことをしましたか。

4. Bさんの態度《たいど》について、グループの他《ほか》のメンバーはどう思っているでしょうか。

考えましょう

1. あなたは、話《はな》し合《あ》いで発言《はつげん》しにくいと感《かん》じた経験《けいけん》がありますか。それはどうしてだったと思いますか。

2. Bさんは、どうして話《はな》し合《あ》いに参加《さんか》しないのでしょうか。どんな可能性《かのうせい》がありますか。

3. あなたは、話《はな》し合《あ》いがうまくいかなかった経験《けいけん》がありますか。それはどんな場合《ばあい》でしたか。うまく解決《かいけつ》できましたか。

4. あなたは、話《はな》し合《あ》いを活発《かっぱつ》にするためにどのようなことができると思いますか。

5. Ａさん、Ｃさん、その他《た》の学生の言動《げんどう》について、どう思いますか。

6. Ａさんは、これからどうすればいいと思いますか。

ケース

25 苦《くる》しい選択《せんたく》：安全《あんぜん》な道とリスキーな道

登場人物《とうじょうじんぶつ》

留学生《りゅうがくせい》のＡさん
Ａさんの両親《りょうしん》

Ａさんは大学を卒業《そつぎょう》して３か月後《ご》に来日《らいにち》しました。母国《ぼこく》の大学院《だいがくいん》へ進学《しんがく》しようかと考えていたのですが、海外《かいがい》の大学院《だいがくいん》へ進学《しんがく》してほしいという両親《りょうしん》の希望《きぼう》もあり、また、母国《ぼこく》の大学よりももっと有名な大学の大学院《だいがくいん》に挑戦《ちょうせん》してみたいという気持ちもあり、日本へ留学《りゅうがく》することにしました。

大学院《だいがくいん》の試験に合格《ごうかく》するまではアルバイトをせずに、勉強に専念《せんねん》してほしいと、両親《りょうしん》は仕《し》送《おく》りをしてくれているので、Ａさんはアルバイトをせず、ひたすら日本語の勉強に励《はげ》みました。また、両親《りょうしん》の仕送《しおく》りだけで生活《せいかつ》をするわけですから、慎重《しんちょう》にお金を使い、友だちからの遊《あそ》びの誘《さそ》いも断《ことわ》って、頑張《がんば》ってきました。大学院《だいがくいん》で勉強したい分野《ぶんや》は大学の専攻《せんこう》と違《ちが》っていたので、専門分野《せんもんぶんや》の知識《ちしき》や専門用語《せんもんようご》も勉強しなければなりませんでした。

ある日、やっと有名なＹ大学の教授《きょうじゅ》と連絡《れんらく》を取《と》り、会うことができました。しかし、教授《きょうじゅ》は、「今のＡさんの日本語能力《のうりょく》では修士課程《しゅうしかてい》に入っても厳《きび》しいから、とりあえず、研究生《けんきゅうせい》から始めたらどうか」と言われました。そこで、ＡさんはＹ大学の研究生《けんきゅうせい》になるための準備《じゅんび》をし、合格《ごうかく》することができました。

しかし、その前にＡさんは別《べつ》の有名大学であるＺ大学の修士課程《しゅうしかてい》の試験を受《う》けていました。Ｙ大学の試験に合格《ごうかく》できるとは限《かぎ》りませんから、「滑《すべ》り止《ど》め」としてＺ大学の試験を受《う》けることにしたのです。その結果《けっか》、ＡさんはＺ大学の修士課程《しゅうしかてい》の試験に合格《ごうかく》することができました。

ここからＡさんの苦悩《くのう》が始まりました。Ｙ大学にもＺ大学にもＡさんが研究したい分野《ぶんや》の専門《せんもん》の先生がいて、どちらの大学でもＡさんがやりたい研究ができそうです。しかし、Ｙ大学は母国《ぼこく》ではその名前を知らない人がいないほどの一流《いちりゅう》大学です。Ｚ大学も一流《いちりゅう》大学ではありますが、母国《ぼこく》では知らない人もいます。ＡさんはずっとあこがれていたＹ大学の試験を受《う》けるつもりでしたが、両親《りょうしん》は、もうＹ大学を受験《じゅけん》しないで、Ｚ大学に行ってほしいと言うのです。両親《りょうしん》は勉強のしすぎで腰《こし》を悪くしたＡさんの健康《けんこう》のことを心配《しんぱい》しているようです。それに、Ｚ大学に行けば、すぐに修士課程《しゅうしかてい》の勉強が始められるので、研究生《けんきゅうせい》をするための１年間の学費《がくひ》が節約《せつやく》できますし、１年早く修士課程《しゅうしかてい》を終わらせることができます。一方《いっぽう》、Ｙ大学に入れば、そのあとで、また試験の準備《じゅんび》をして、挑《いど》まなければなりません。もちろん試験に合格《ごうかく》できるという保証《ほしょう》はありません。Ａさんも両親《りょうしん》に１年間、余計《よけい》な学費《がくひ》を払《はら》ってもらうのは嫌《いや》ですし、これからの受験《じゅけん》のことを考えると、とてもストレスを感《かん》じます。もし、Ｙ大学の試験に合格《ごうかく》しなかったら、Ｙ大学へもＺ大学へも入れなくなります。しかし、Ｙ大学に入るためにこれまで犠牲《ぎせい》にしてきたさまざまなことを考えると、あきらめたくないという気持ちもあります。また、Ｙ大学の大学院《だいがくいん》を修了《しゅうりょう》すれば、国に帰ってから就職《しゅうしょく》するのに有利《ゆうり》になるでしょう。Ａさんはいったいどうしたらいいのか悩《なや》んでいます。

質問

1. Aさんは、何のために来日《らいにち》しましたか。

2. Y大学の教授《きょうじゅ》は、Aさんに何と言いましたか。

3. Aさんは、今何を悩《なや》んでいますか。

4. Y大学への進学《しんがく》とZ大学への進学《しんがく》、それぞれのメリットとデメリットは何ですか。

考えましょう

1. Aさんは、何を基準《きじゅん》にしてY大学に行くかZ大学に行くかを決定《けってい》したほうがいいと思いますか。

2. 1.の基準《きじゅん》を踏《ふ》まえて、Aさんはどう行動《こうどう》したらいいと思いますか。あなたがAさんの立《たち》場《ば》だったら、どのような選択《せんたく》をすると思いますか。それはどうしてですか。

3. 専門《せんもん》学校や大学、大学院《だいがくいん》などの進学先《しんがくさき》を選《えら》ぶときに、何を重視《じゅうし》するべきだと思いますか。それは、どうしてですか。あなたが実際《じっさい》に進学先《しんがくさき》を選《えら》んだときに、何を重視《じゅうし》しましたか。

ケース
26 研究計画

登場人物《とうじょうじんぶつ》

大学院留学生《だいがくいんりゅうがくせい》のＡさん
研究室のＢ先生
同じ研究室のＣさん

大学院生《だいがくいんせい》のＡさんはかねてからの念願《ねんがん》がかなって、半年《はんとし》前に日本の大学院《だいがくいん》に入学しました。このために１年以上準備《じゅんび》をしました。準備《じゅんび》で一番大変《いちばんたいへん》だったのが、研究したい内容《ないよう》を決《き》めて、その研究をしている先生を探《さが》すことと、研究計画書《けんきゅうけいかくしょ》を書くことでした。大学院《だいがくいん》に入るには、研究計画書《けんきゅうけいかくしょ》が一番重要《いちばんじゅうよう》だと言《い》われています。しっかりした計画を書かなければ、大学院《だいがくいん》には入学できません。最初《さいしょ》は自分が研究したいことが漠然《ばくぜん》としていたのですが、本や論文《ろんぶん》を読むうちに、だんだん明確《めいかく》になってきました。専門書《せんもんしょ》や論文《ろんぶん》を読んで、自分が研究したい分野《ぶんや》の研究をしている先生を探《さが》し、現在《げんざい》の大学院《だいがくいん》を受験《じゅけん》し、合格《ごうかく》することができました。

Ａさんが入学した大学院《だいがくいん》では、入学と同時《どうじ》に所属《しょぞく》する研究室が決定《けってい》します。研究計画書《けんきゅうけいかくしょ》の準備《じゅんび》をしていたときに読んだ論文《ろんぶん》の著者《ちょしゃ》であるＢ先生の研究室に無事《ぶじ》に入ることができました。Ｂ先生はとても親切そうだし、大学院《だいがくいん》の授業《じゅぎょう》はとてもおもしろく、勉強になります。また、大学院《だいがくいん》の同級生《どうきゅうせい》や同じ研究室に入ったＣさんとも仲良《なかよ》くなり、全《すべ》てが順調《じゅんちょう》にいっているように思いました。

ある日、入学後初《ごはじ》めて修士論文《しゅうしろんぶん》の研究計画書《けんきゅうけいかくしょ》についてB先生と話すことになりました。Aさんは入学前に書いた研究計画書《けんきゅうけいかくしょ》を少し直《なお》して、先生の研究室を訪《たず》ねました。Aさんは、「研究計画を少し変《か》えたので、先生のコメントをいただきたいのですが……」と言いました。すると、B先生は「この計画ではだめだ。研究のテーマを変《か》えたほうがいい」と言うのです。Aさんがびっくりして、「この研究のどこが問題ですか」と聞くと、先生はその質問に対《たい》する返事《へんじ》はせずに、「Aさんには他《ほか》の研究をやってもらいたい」と言い、その研究の説明《せつめい》を始めました。その説明《せつめい》を聞いて、Aさんはあまり興味《きょうみ》が持てなかったので、先生に「やはり前の計画どおりに研究を進《すす》めたいと思います」と言いました。すると、B先生は少しいらいらした様子《ようす》で、「その研究をするなら私は指導《しどう》ができない」と言いました。Aさんは、B先生が以前《いぜん》書いた論文《ろんぶん》を読んで、B先生の下《もと》で研究したいと思ったのですが、どうやらB先生の現在《げんざい》の研究分野《ぶんや》や興味《きょうみ》は前と違《ちが》っているようなのです。また、B先生はAさんに自分と同じ分野《ぶんや》の研究をさせることによって、Aさんに研究の手伝《てつだ》いが頼《たの》みやすくなって便《べん》利《り》だと思っているのかもしれないと思いました。Aさんは、自分が大学院《だいがくいん》に入学できたのは、研究計画書《けんきゅうけいかくしょ》が認《みと》められたからだと思っていました。その研究計画書《けんきゅうけいかくしょ》を読んだ上で、B先生は自分を受《う》け入《い》れてくれたのだから、その計画書《けいかくしょ》どおりに研究させてもらえないのは納得《なっとく》できません。「先生が指導《しどう》してくださらないなら、この大学院《だいがくいん》に入った意味がないので、ちょっと考えさせてください」と言って研究室を出ました。

そのあとすぐに、Cさんに相談《そうだん》してみることにしました。Cさんは「B先生がAさんの研究計画よりも他《ほか》の研究のほうがいいと言うなら、従《したが》ったほうがいい」と言いました。そして、「これからのことを考えると、先生が興味《きょうみ》を持っている研究をしたほうが絶対《ぜったい》に得《とく》だよ。例《たと》えば、共同《きょうどう》で発表《はっぴょう》したり、論文《ろんぶん》を書いたりする機会《きかい》もあるかもしれない。こんな機会《きかい》は普通《ふつう》、修士課程《しゅうしかてい》の学生にはないよ」と。Cさんは修士課程《しゅうしかてい》のあとで、博士課程《はくしかてい》へ進学《しんがく》して研究を続《つづ》けようと思っているので、このように答えたのだと思いました。Aさんは博士課《はくしか》程《てい》への進学《しんがく》を希望《きぼう》していません。とはいえ、先生の言うことを聞かないで、先生との関係《かんけい》が気《き》まずくなるのも避《さ》けたいし、研究室の中で居場所《いばしょ》がなくなるのももちろん嫌《いや》です。しかし、これから興味《きょうみ》がない研究をやっていかなければならない苦痛《くつう》を考えると……。Aさんは、今どうしたらいいのか悩《なや》んでいます。

質問

1. Aさんは、大学院《だいがくいん》に入学するためにどんな準備《じゅんび》をしましたか。

2. Aさんが大学院《だいがくいん》に入って、研究室が決まったとき、どのように感《かん》じましたか。それはどうしてですか。

3. Aさんが「もともとの研究計画《けんきゅうけいかく》どおりに研究したい」と言ったとき、B先生はどのように答えましたか。

4. Aさんは、B先生にどうして他《ほか》の研究をやるように言われたと思いましたか。

5. Aさんは、どうして他《ほか》の研究をすることに納得《なっとく》できませんか。

6. Aさんは、Cさんがどうして「先生に従《したが》ったほうがいい」とアドバイスをしたと思っていますか。

考えましょう

1. Aさんのこれまでの言動《げんどう》に問題があったと思いますか。あったとしたら、それはどんな問題ですか。

2. Aさん以外の人（B先生、Cさん）の言動《げんどう》に問題があったと思いますか。

3. Aさんには、どんな選択肢《せんたくし》があると思いますか。それらの選択肢《せんたくし》のメリットとデメリットを考えてみてください。

4. 3. のメリットとデメリットを比《くら》べて、あなたがAさんの立場《たちば》だったら、これからどうすると思いますか。

ケース
27 メールに返事《へんじ》をくれない先生

登場人物《とうじょうじんぶつ》

留学生《りゅうがくせい》のAさん
指導教員《しどうきょういん》のB先生

留学生《りゅうがくせい》のAさんは、現在大学院《げんざいだいがくいん》で人文系《じんぶんけい》の研究をしています。所属《しょぞく》している研究室は人間関係《にんげんかんけい》がよく、自主《じしゅ》ゼミなども活発《かっぱつ》で、Aさんは日々《ひび》の研究生活《せいかつ》にやりがいを感《かん》じています。しかし、最近《さいきん》、Aさんは、指導教員《しどうきょういん》である研究室のB先生とのEメールのやり取《と》りをきっかけに、コミュニケーションに不安《ふあん》を感《かん》じています。

Aさんは、B先生の論文《ろんぶん》や講演《こうえん》を通《つう》じ、ぜひB先生に指導《しどう》を受《う》けたいと思って、大学院《だいがくいん》を受験《じゅけん》しました。研究室の選択《せんたく》も、迷《まよ》わずB先生の研究室を選《えら》びました。しかし、研究室に入ってからB先生は学生の指導《しどう》を直接《ちょくせつ》することがほとんどないことを知り、Aさんは驚《おどろ》きました。B先生は、大学内外《ないがい》での仕事もあって大変多忙《たいへんたぼう》ですが、研究室は自由《じゆう》な雰囲気《ふんいき》で、ゼミ生たちは団結《だんけつ》してさまざまな勉強会を開き、研究に取《と》り組《く》んでいます。そして、1週間に1度《ど》のゼミのあとは、B先生とともに食事をし、遅《おそ》くまで先生や先輩《せんぱい》たちと研究について語《かた》り合《あ》うのです。Aさんは、徐々《じょじょ》に自分から積極的《せっきょくてき》に学ぶ研究生活《せいかつ》に慣《な》れ、満足感《まんぞくかん》が得《え》られるようになりました。

しかし、Ａさんは、研究が進《すす》むにつれて、徐々《じょじょ》に先生の指導《しどう》を直接《ちょくせつ》受けたいと思うようになりました。そこで、Ａさんは相談《そうだん》したい内容《ないよう》を書いてＢ先生に面談《めんだん》の予約《よやく》をお願《ねが》いするメールを送ることにしました。しかし、何回《なんかい》か送ってみましたが、Ｂ先生からは返事《へんじ》がもらえません。メールを送った数日後《すうじつご》に大学で先生とお会いすると、メールに書いた相談内容《そうだんないよう》について、アドバイスをくださることもありましたが、何も言われないときもあります。そんなときは、Ａさんからメールのことを言うと、ちゃんとメールは読んでくださっているようなのですが、これまで面談《めんだん》の予約《よやく》ができたことはありません。メールについて確認《かくにん》するとき、先生が特に気を悪くする様子《ようす》はありませんが、メールの返事《へんじ》を毎回《まいかい》口で催促《さいそく》するのは失礼《しつれい》ではないかと、心配《しんぱい》になってきました。

研究室の他《ほか》の留学生《りゅうがくせい》にちょっと相談《そうだん》してみたところ、多《おお》くの留学生《りゅうがくせい》がＡさんと同じ戸惑《とまど》いを持っていることがわかりました。そこで、日本人の先輩《せんぱい》にも話してみました。その先《せん》輩《ぱい》は、「そういうこともあるけど、先生忙《いそが》しいからしかたないよね」と言いました。でも、Ａさんにはその言い方が「そんなこと、特に気にしていないよ」という感《かん》じに聞こえたので、それ以上は話しませんでした。

Ａさんは、日本人はだいたいすぐ返事《へんじ》をする人が多《おお》いので、自分もメールをもらったらすぐに返事《へんじ》をするように気をつけています。Ａさんは、Ｂ先生から返事《へんじ》がもらえないことが重《かさ》なり、Ｂ先生にどう思われているのか、気になり始めています。

質問

1. Aさんは、どうして今の研究室を希望《きぼう》しましたか。

2. 研究室は、どんな雰囲気《ふんいき》ですか。

3. 今、Aさんはどんなことが不安《ふあん》ですか。

4. その不安《ふあん》のきっかけは何ですか。

考えましょう

1. Aさんの言動《げんどう》に問題があったと思いますか。それはどうしてですか。あなたがAさんだったら、同じことをしたと思いますか。

2. あなたは、先生にEメールで連絡《れんらく》したことがありますか。それは、どんな連絡《れんらく》でしたか。先生から返事《へんじ》をもらうことができましたか。

3. あなたは、B先生がAさんにEメールの返事《へんじ》を書かないのはなぜだと思いますか。

4. Aさんは研究を進《すす》めていく上で、B先生とどのようなコミュニケーションを取《と》ったらいいと思いますか。

ケース

28 時間がもったいない

登場人物《とうじょうじんぶつ》

留学生《りゅうがくせい》のＡさん
研究室の友だちのＢさん
実験分析《じっけんぶんせき》センターのＣさん

留学生《りゅうがくせい》のＡさんは応用工学《おうようこうがく》が専門《せんもん》の大学院《だいがくいん》２年生です。修士論文《しゅうしろんぶん》のために実験《じっけん》とデータ分析《ぶんせき》で忙《いそが》しい毎日を過《す》ごしています。データを分析《ぶんせき》するためには、大学内《ない》にある分析《ぶんせき》センターに試料《しりょう》[1]を持っていき、専門家《せんもんか》に特別な装置《そうち》を使って分析《ぶんせき》してもらわなければなりません。Ａさんは日本語がまだ充分《じゅうぶん》ではなかったので、研究室の先生から「何か問題があると大変《たいへん》だから、分析《ぶんせき》するときはＢくんとペアになって分析《ぶんせき》センターへ行きなさい」と指示《しじ》されていました。

ある日の夕方、実験《じっけん》が終わったＡさんはＢさんといっしょに分析《ぶんせき》センターへ行きました。今、二人が分析《ぶんせき》している試料《しりょう》は装置《そうち》に24時間入れたままにしておく必要《ひつよう》があります。そのため、試料《しりょう》を装置《そうち》に入れたらＡさんたちは次《つぎ》の日まで何もすることがありません。毎回《まいかい》二人の試料分析《しりょうぶんせき》を担当《たんとう》するのは同じ研究室のＯＢであるＣさんです。Ｃさんはひまなとき、よくＡさんに実験《じっけん》に関《かん》する日本語を教えてくれる親切な人です。装置《そうち》がセットされたのでＡさんが帰ろうとすると、Ｂさんは「もし自分たちが帰ったあとに何か問題が起こったらＣさんが困《こま》るだろう。Ｃさんが帰るまで、自分たちもここにいたほうがいい」と言いました。そのときの時間は午後５時半でした。Ａさんは日本語の宿題《しゅくだい》がたくさんあったので早く帰りたかったのですが、Ｃさんに迷惑《めいわく》をかけたくなかったし、分析《ぶんせき》センターの閉室《へいしつ》時間は7時なので、それまでなら待ってもいいだろうと思い、いっしょに待つことにしました。しかし、閉室《へいしつ》時間を過《す》ぎてもＢさんはＣさんの仕事が終わるまで帰らないと言い、結局《けっきょく》三人がセンターを出たのは夜の10時でした。

Ａさんたちの分析《ぶんせき》はその後《ご》１週間毎日続《つづ》きましたが、Ｂさんはいつも同じことを言って帰ろうとしません。Ｂさんはいつも Ａさんにいろいろ教えてくれるので、ＡさんはＢさんと仲良《なかよ》くしたいと思っていますが、だんだん待つ時間がもったいないと思うようになりました。なぜなら、装置《そうち》が起動《きどう》すれば止まることはめったにないことがわかったからです。それに、Ａさんは最近《さいきん》、修士論文《しゅうしろんぶん》がなかなか進《すす》まないので、少し焦《あせ》っていました。ＡさんはＢさんに「装置《そうち》はちゃんと動いているから、今日はもう帰りませんか」と言いました。すると、Ｂさんは「自分たちの試料《しりょう》を分析《ぶんせき》してもらっているんだし、Ｃさんは先輩《せんぱい》だよ。先に帰ったら失礼《しつれい》じゃないか」と少し怒《おこ》ったように言いました。Ａさんは、帰ることがなぜ失礼《しつれい》なのかよくわかりません。確《たし》かに、まわりの学生たちもすることがないのに残《のこ》っている様子《ようす》です。でも、Ｃさんを見ると、Ａさんたちがそこにいてもいなくても、あまり関係《かんけい》がないように見えます。ＡさんはＢさんの態度《たいど》に腹《はら》が立ったので、Ｃさんにだけあいさつして帰ってしまいました。

その日からＢさんの様子《ようす》がなんとなくよそよそしい気がします。ＡさんはＢさんとの関係《かんけい》がぎくしゃく[2]してしまい、研究室へ行くのがゆううつになってしまいました。

1　試料《しりょう》：実験《じっけん》や分析《ぶんせき》をするのに使う材料《ざいりょう》。

2　ぎくしゃく：話し方や動き、物事《ものごと》の関係《かんけい》などが自然《しぜん》ではなく、うまくいかない様子《ようす》。

質問

1. Aさんは、どうしてBさんとペアになりましたか。

2. Aさんたちは、Cさんに帰らないように言われましたか。

3. Aさんは、どうして早く帰りたいのですか。

4. Aさんは、どうしてゆううつになってしまったのですか。

考えましょう

1. これまでのAさんの言動《げんどう》に問題があったと思いますか。あったとしたら、それはどんな問題ですか。

2. あなたがAさんの立場《たちば》だったら、どうすると思いますか。

3. Bさんは、Cさんは先輩《せんぱい》なので先に帰ることが失礼《しつれい》だと考えています。あなたは先輩《せんぱい》と後輩《こうはい》の関係《かんけい》について、どのように考えますか。

ケース
29 研究か、恋愛《れんあい》か

登場人物《とうじょうじんぶつ》

留学生《りゅうがくせい》のＡさん
Ｂ先生（Ａさんの指導教員《しどうきょういん》）
Ｃさん（Ａさんの恋人《こいびと》）

留学生《りゅうがくせい》のＡさんは工学研究科《こうがくけんきゅうか》の大学院生《だいがくいんせい》で、博士課程《はくしかてい》の１年生です。専門《せんもん》は電子工学《でんしこうがく》で、たくさん実験《じっけん》があり、毎日朝から夜遅《よるおそ》くまで研究室にいます。とても大変《たいへん》ですが、指導教員《しどうきょういん》のＢ先生からＡさんはとてもいい研究をしていると認《みと》めてもらっていて、やりがいを感《かん》じています。Ｂ先生はアメリカの大学院《だいがくいん》で苦労《くろう》して博士号《はくしごう》を取《と》った方で、留学生《りゅうがくせい》に対《たい》してとても親切です。「英語が母語《ぼご》の人と競争《きょうそう》しなければならなかったので、ものすごく苦労《くろう》したんですよ。大学院《だいがくいん》のときは、休みなんてまったくなかったですね」と留学《りゅうがく》時代の苦労話《くろうばなし》をしてくれました。Ａさんは、研究業績《ぎょうせき》も多いＢ先生をとても尊敬《そんけい》しています。そんなＢ先生に認《みと》めてもらっていることがとてもうれしくて、もっと頑張《がんば》ろうと思っています。

しかし、Ａさんは最近《さいきん》ときどき集中《しゅうちゅう》できないことがあります。Ａさんの恋人《こいびと》のＣさんが国に帰ってしまったからです。Ｃさんは昨年《さくねん》一年間日本で日本語を勉強していました。Ａさんとは日本語のクラスで知《し》り合《あ》って付《つ》き合《あ》うようになりました。ＡさんとＣさんは、毎日会っていっしょに日本語を勉強したり、ご飯を食べたりしていました。Ｃさんが日本にいる間は、研究もＣさんとの恋愛《れんあい》も順調《じゅんちょう》で、充実《じゅうじつ》した毎日を過《す》ごしていました。

Ｃさんの国は日本から遠く離《はな》れた国で、日本とは12時間の時差《じさ》があります。ＡさんとＣさんはできるだけインターネットの電話で話すことにしているのですが、Ｃさんは平日《へいじつ》の昼間は会社で働《はたら》いていますから、話せるのは週末《しゅうまつ》だけです。しかし、Ａさんは学会《がっかい》や研究で忙《いそが》しくなってきて、週末《しゅうまつ》もなかなか時間が作れません。このままでは、どんどん話さなくなって、二人の心が変《か》わってしまうかもしれません。Ａさんは心配《しんぱい》になって、専門書《せんもんしょ》を読んでいても内容《ないよう》が頭《あたま》に入らない[1]こともありました。

Ｃさんが帰国《きこく》してから３か月経《た》ちました。もうすぐ大学の長い休みがあります。Ａさんは、秋の学会発表《がっかいはっぴょう》のために研究を進《すす》めなければなりませんが、２週間ぐらい夏休みを取《と》ってＣさんの国に行く計画を立てました。Ｃさんに「夏休みに遊《あそ》びに行く」と伝《つた》えたら、Ｃさんはとても喜《よろこ》んで、会社の休みを取《と》りました。

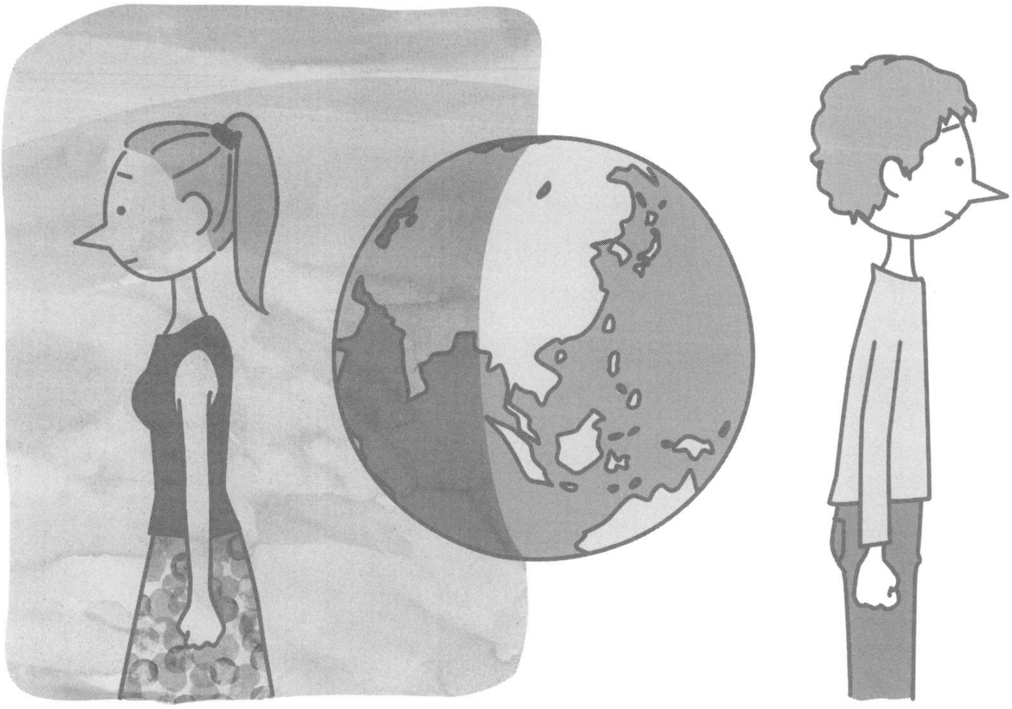

Aさんは、飛行機《ひこうき》の予約《よやく》をした帰りにB先生の研究室に行って、夏休みの計画について話しました。ところが、B先生は「Aさん、秋には学会発表《がっかいはっぴょう》もあるし、2週間は長すぎますよ。今は研究に集中《しゅうちゅう》してほしいんですが……」と言いました。Aさんが「あ、でももう飛行機《ひこうき》を予約《よやく》してしまったんですが……」と言うと、B先生は「うーん、予約《よやく》する前に相談《そうだん》してほしかったですね……」と言って、ちょっとむっとした顔《かお》[2]をしました。

その日の夜《よる》、Aさんは、インターネット電話でCさんに「学会《がっかい》の発表準備《はっぴょうじゅんび》があって、行けないかもしれない」と相談《そうだん》しました。すると、Cさんは「えっ、来ないの？　せっかく休みを取《と》ったのに……」と言って黙《だま》り込《こ》んでしまいました。

Cさんの国は遠《とお》いので、行って帰って来るだけでも時間がかかります。Cさんもとても楽しみにしてくれていましたし、二人の関係《かんけい》を続《つづ》けるためにはCさんといっしょに時間を過《す》ごすことは必要《ひつよう》だと思っています。でも、B先生の言っていることもわかります。B先生は今までとても期待《きたい》してくれていたので、ここでB先生のアドバイスを聞かないのはよくない気もします。自分では、勉強と恋愛《れんあい》を両立《りょうりつ》できると思っていますが、B先生をうまく説得《せっとく》できる自信《じしん》がありません。休みを取《と》ったほうがいいのか、キャンセルしたほうがいいのか、迷《まよ》っています。

1　頭《あたま》に入らない：理解《りかい》したり、覚《おぼ》えたりすることができないということ。

2　むっとした顔《かお》：ちょっと怒《おこ》ったような不満《ふまん》そうな表情《ひょうじょう》。

質問

1. Aさんは、今大学で何をしていますか。

2. B先生は、今まではAさんのことをどう評価《ひょうか》していましたか。

3. Cさんは、今どこにいますか。

4. Cさんと離《はな》れて、Aさんの気持ちはどんな状態《じょうたい》ですか。

5. Aさんは、今何を迷《まよ》っていますか。

考えましょう

1. Aさんのこれまでの言動《げんどう》に問題があったと思いますか。あったとしたら、それはどんな問題ですか。Aさんは、どのように行動《こうどう》するべきだったと思いますか。

2. Aさんは、これからどうしたらいいと思いますか。あなたがAさんの立場《たちば》だったら、どうしますか。

3. あなたは、何かをするときに、どのように優先順位《ゆうせんじゅんい》をつけていますか。それで失敗《しっぱい》したことはありますか。経験《けいけん》を話してみましょう。

ケース
30 私はマネージャーじゃない！

登場人物《とうじょうじんぶつ》

大学生のＡさん（女性《じょせい》）
テニスサークルの部長《ぶちょう》のＢさん
テニスサークルの部員《ぶいん》たち

Ａさんは大学のテニスサークルに入りました。Ａさんは新入部員《しんにゅうぶいん》の中で、唯一《ゆいいつ》の女性《じょせい》でした。サークルの部員《ぶいん》は全部《ぜんぶ》で25人ぐらいで、マネージャーがいませんでした。しばらくすると、部長《ぶちょう》のＢさんは、女性《じょせい》であるＡさんに会計《かいけい》などの事務的《じむてき》な仕事を頼《たの》むようになりました。Ｂさんは「いやあ、Ａさんが入ってくれて、本当《ほんとう》に助《たす》かったよ。俺《おれ》も含《ふく》めてだけど、男どもはどうも仕事が雑《ざつ》で任《まか》せられないからね」と言いました。Ａさんはアルバイトをしているし、公認会計士《こうにんかいけいし》を目指《めざ》して予備校《よびこう》にも通っているので、とても忙《いそが》しくしていましたが、部長《ぶちょう》や部員《ぶいん》に喜《よろこ》んでもらえるならと思って仕事を引《ひ》き受《う》けていました。

しかし、その後《ご》、部員《ぶいん》たちの要求《ようきゅう》はエスカレートしていきました。会計《かいけい》などの仕事はたいした負担《ふたん》にはならなかったのですが、最近《さいきん》では「ジュースを買ってきて」といった細々《こまごま》したことや「合宿《がっしゅく》の民宿《みんしゅく》を予約《よやく》してほしい」とか「飲み会をする居酒屋《いざかや》を探《さが》して」といったことまで頼《たの》まれるようになりました。Ａさんはただテニスを楽しみたかっただけなのに、これでは、まるでマネージャーのようだと感《かん》じるようになりました。

Ａさんは、大学の勉強とアルバイト、公認会計士《こうにんかいけいし》の勉強で、ただでさえ忙《いそが》しかったのに、それに加《くわ》えてサークルのマネージャーのような仕事までさせられて、だんだん体調《たいちょう》を崩《くず》していきました。最近《さいきん》では授業《じゅぎょう》にも集中《しゅうちゅう》できなくなり、予備校《よびこう》の成績《せいせき》も下がってしまいました。Ａさんは部長《ぶちょう》と話したいと思いましたが、言い出しにくくて、それもできませんでした。結局《けっきょく》、Ａさんは体調不良《たいちょうふりょう》という理由《りゆう》でテニスサークルを退会《たいかい》してしまいました。

質問

1. 部長《ぶちょう》のBさんは、どうしてAさんに会計《かいけい》などの事務的《じむてき》な仕事を頼《たの》みましたか。

2. Aさんは、どうして会計《かいけい》などの仕事を引《ひ》き受《う》けましたか。

3. その後《ご》、Aさんはどうしましたか。

考えましょう

1. Aさん、B部長《ぶちょう》、他《ほか》の部員《ぶいん》の言動《げんどう》に問題があったと思いますか。あったとしたら、それはどんな問題ですか。

2. Aさんは、どうすれば退会《たいかい》しないで、テニスサークルを続《つづ》けられたと思いますか。

3. あなたも頼《たの》まれたことが断《ことわ》れなくて、困《こま》った経験《けいけん》がありますか。そのとき、どうしましたか。

ケース
31 インターナショナル・フェスティバル

登場人物《とうじょうじんぶつ》

留学生《りゅうがくせい》のＡさん
同じ寮《りょう》に住んでいるＢさん

留学生《りゅうがくせい》のＡさんは、同じ寮《りょう》の仲間《なかま》といっしょに、大学のインターナショナル・フェスティバルに参加《さんか》することになりました。Ａさんは寮《りょう》のパーティーのために、自分の国の料理を作ったことがあります。寮《りょう》の学生たちは「Ａさんが作ってくれた、あの料理、おいしかったよね。あの料理を作って、売ろうよ」と提案《ていあん》し、Ａさんがリーダーになって、その料理を作って、売ることになりました。

この料理には特別なソースが必要《ひつよう》です。そのソースがなければ、この料理を作ることができません。しかし、一般《いっぱん》のスーパーには売っていないので、国の食材《しょくざい》を売っている専門店《せんもんてん》で買わなければなりません。Ａさんは、みんなにソースの名前と値段《ねだん》を伝《つた》え、いつも自分が買いに行く専門店《せんもんてん》に注文《ちゅうもん》しようと提案《ていあん》しました。すると、Ｂさんが、もっと安い店を知っていると言いました。ＢさんはＡさんと同じ国から来ている留学生《りゅうがくせい》です。Ｂさんが知っている店では、Ａさんがいつも買っている店の半値《はんね》でそのソースを売っているというのです。Ａさんは、そのソースの調達《ちょうたつ》はＢさんに任《まか》せることにし、フェスティバルまでに15本買うように伝《つた》えました。

インターナショナル・フェスティバルの十日ぐらい前になって、ＡさんはＢさんにソースについて聞きました。すると、「店に在庫《ざいこ》がなかったから15本注文《ちゅうもん》した。フェスティバルの五日前に取《と》りに行くことになっている」と言いました。それを聞いてＡさんは安心し、「そう。よかった。じゃあ、フェスティバルの前の日に大学に持ってきてね」と言いました。

フェスティバルの前日《ぜんじつ》、ＡさんはＢさん以外のメンバーとスーパーへ行って、ソース以外の食材《しょくざい》や紙皿《かみざら》、箸《はし》などを買って、大学へ運びました。大学に着くと、まだＢさんに頼《たの》んだソースが届《とど》いていませんでした。Ｂさんに電話をかけると、「ごめん、今大学へ行く途中《とちゅう》だけど、ソースが重くて……」と言いました。Ａさんは、「他《ほか》のものは全部《ぜんぶ》そろったよ。あとはソースだけだから早く来てね」と言って、電話を切り、Ｂさんを待っていました。しばらくして、Ｂさんが重い袋《ふくろ》を引《ひ》きずりながら、やって来ました。Ａさんは「重かったでしょう。これで、材料《ざいりょう》が全部《ぜんぶ》そろったね」と言って、袋《ふくろ》を開けてみると……。そこには、なんと違《ちが》うソースが１５本入っていたのです。

Ａさんは「えっ！　このソースじゃないよ」と、つい大声《おおごえ》をあげてしまいました。「あのソースがないと、料理が作れないよ。どうしよう！」とパニックになってしまいました。そして、「Ｂさん、あなた○○人でしょう。どうしてこんな間違《まちが》いをするの」とＢさんを責《せ》めてしまいました。Ｂさんは、真《ま》っ青《さお》になって、「えっ、違《ちが》うの？　このソースだと思っていたよ」「ごめんね。ごめんね」と言うばかりです。最後《さいご》には、泣《な》き出してしまいました。他《ほか》の人たちは、この事態《じたい》に何も言えずに、黙《だま》って下を向《む》いていました。

しばらくして、Ａさんは気を取《と》り直《なお》して[1]、自分がいつも買い物に行く店に電話をかけてみました。すると、「在庫《ざいこ》が３本しかない。注文《ちゅうもん》してから届《とど》くまで三日ぐらいかかる」と言うのです。フェスティバルは明日ですから、もう間《ま》に合《あ》いません。すると、あるメンバーから「料理を変更《へんこう》したらどうか」という提案《ていあん》がありました。でも、料理の名前や値段《ねだん》を書いた看板《かんばん》や宣伝用《せんでんよう》のちらしはもうコピーしてしまいました。作り直《なお》すにはお金も時間もかかり、明日までに間《ま》に合《あ》うかどうか。楽しいはずのイベントが、Ｂさんのせいで台無《だいな》し[2]です。Ａさんは、明日のイベントを成功《せいこう》させるために、どうしたらいいのでしょうか。

1　気を取《と》り直《なお》す：考え直《なお》して、元気になる、落《お》ち着《つ》くこと。

2　台無《だいな》し：すっかりだめになってしまうこと。

質問

1. Aさんは、どうしてこのイベントのリーダーになりましたか。

2. Aさんは、どうしてBさんにソースの調達《ちょうたつ》を任《まか》せることにしましたか。

3. Aさんが十日前にソースの確認《かくにん》をしたとき、Bさんは何と答えましたか。それを聞いてAさんはどう感《かん》じましたか。

4. Aさんは、Bさんがソースを間違《まちが》えたと知って、Bさんに何と言いましたか。

5. Bさんは、Aさんに責《せ》められて、どんな様子《ようす》でしたか。

考えましょう

1. Aさんのこれまでの言動《げんどう》に問題があったと思いますか。あったとしたら、それはどんな問題ですか。

2. Aさん以外の人（Bさん、他《ほか》のメンバー）の言動《げんどう》に問題があったと思いますか。あったとしたら、それはどんな問題ですか。

3. Aさんは、リーダーとして、これからどうしたらいいと思いますか。

4. あなたがAさんの立場《たちば》だったら、Bさんの間違《まちが》いを知ったとき、Bさんに何をどのように言うと思いますか。

5. あなたも、失敗《しっぱい》をして他《ほか》の人に迷惑《めいわく》をかけたり、他《ほか》の人に迷惑《めいわく》をかけられたりしたことがありますか。そのとき、あなたのまわりの人やあなたはどのように反応《はんのう》しましたか。

ケース
32 年齢《ねんれい》はそんなに重要《じゅうよう》？

登場人物《とうじょうじんぶつ》

留学生《りゅうがくせい》のAさん
柔道部《じゅうどうぶ》の部員《ぶいん》のBさん
柔道部《じゅうどうぶ》の他《ほか》の部員《ぶいん》たち

Aさんは日本の大学院《だいがくいん》でＩＴコミュニケーションの研究をするため、半年《はんとし》前に来日《らいにち》しました。留学《りゅうがく》の第一《だいいち》の目的《もくてき》はもちろん研究ですが、ぜひ日本人の友だちを作りたいと思い、柔道部《じゅうどうぶ》に入部《にゅうぶ》することにしました。Aさんの国では、男の子は子どものときから体を鍛《きた》えるためにさまざまなスポーツに挑戦《ちょうせん》します。Aさんも、バスケットボールをはじめ、バレーボール、レスリングなどをやってきました。それで、日本の伝統的《でんとうてき》な武道《ぶどう》である柔道《じゅうどう》にも、興味《きょうみ》を持つようになったのです。

入部後《にゅうぶご》、Aさんはほぼ毎日夕方になると道場《どうじょう》[1]へ行き、２時間柔道《じゅうどう》の練習《れんしゅう》をするようになりました。初心者《しょしんしゃ》のAさんにとって柔道《じゅうどう》は想像《そうぞう》以上に難《むずか》しいものでしたが、一生懸命練習《いっしょうけんめいれんしゅう》をするAさんに柔道部《じゅうどうぶ》の部員《ぶいん》たちはとても親切でした。練習《れんしゅう》が終わると、Aさんは他《ほか》の１年生部員《ぶいん》といっしょに掃除《そうじ》したり、洗濯《せんたく》したりしながら、日本語の使い方や日本の習慣《しゅうかん》についても教えてもらいました。社交的《しゃこうてき》なAさんはすぐみんなと仲良《なかよ》くなり、今まで国では自分でしたことがなかった掃除《そうじ》や洗濯《せんたく》もまったく嫌《いや》ではありませんでした。

入部《にゅうぶ》してから３週間後《ご》、柔道部《じゅうどうぶ》で新入部員《しんにゅうぶいん》の歓迎会《かんげいかい》がありました。それまでいつもいろいろ教えてくれた２年生のＢさんがとなりに座《すわ》り、Ａさんに年齢《ねんれい》を聞きました。Ａさんが「24歳《さい》です」と答えると、Ｂさんはとても驚《おどろ》いて「今まで失礼《しつれい》しました！」と言って、急に丁寧《ていねい》な話し方に変《か》えました。Ａさんは大学院生《だいがくいんせい》なので、実《じつ》はＢさんより４歳《さい》上だったのです。Ｂさんは、新入部員《しんにゅうぶいん》のＡさんは当然《とうぜん》自分より年下《としした》だと思っていたので、ずっとカジュアルな話し言葉《ことば》を使っていました。Ａさんは「年齢《ねんれい》は上だけど、柔道部《じゅうどうぶ》ではＢさんのほうが先輩《せんぱい》なので今までのように話してください」と言いましたが、Ｂさんは「それはできません。日本の大学の運動部《うんどうぶ》では年齢《ねんれい》の上下《じょうげ》は大切なものですから」と言いました。他《ほか》の部《ぶ》員《いん》たちもＡさんが自分より年上《としうえ》だと知ってから、今まで名字《みょうじ》を呼《よ》び捨《す》て[2]にしていたのに、急に「さん」づけで呼《よ》ぶようになりました。結局《けっきょく》、柔道部《じゅうどうぶ》の中でＡさんが一番年上《いちばんとしうえ》だということがわかると、今までＡさんがしていた掃除《そうじ》や洗濯《せんたく》の担当《たんとう》は他《ほか》の部員《ぶいん》がすることになりました。また、飲み会の席順《せきじゅん》や休憩《きゅうけい》を取《と》る順番《じゅんばん》なども、Ａさんは先輩《せんぱい》として扱《あつか》われるようになりました。

Ａさんは日本語がまだあまり上手ではないので、敬語《けいご》や丁寧《ていねい》な表現《ひょうげん》などは難《むずか》しく、実《じつ》はよく理解《りかい》できません。自分は今までのように友だちとして気楽《きらく》に話したり、いっしょに掃除《そうじ》や洗濯《せんたく》をしたりしたいと思っているのに、部員《ぶいん》たちの態度《たいど》はよそよそしくなってしまいました。それに、柔道《じゅうどう》の実力《じつりょく》では自分が一番《いちばん》下だとわかっているので、先輩扱《せんぱいあつか》いされることも居心地《いごこち》が悪いです。柔道《じゅうどう》の練習《れんしゅう》は今までどおり続《つづ》けたいのですが、最近《さいきん》は疎外感《そがいかん》を感《かん》じるようになり、だんだん道場《どうじょう》に足が向《む》かなくなってしまいました。

1 道場《どうじょう》：柔道《じゅうどう》や剣道《けんどう》、空手《からて》など武道《ぶどう》の練習《れんしゅう》をする場所《ばしょ》。

2 呼《よ》び捨《す》て：人の名前に「様《さま》」「さん」「くん」をつけずに呼《よ》ぶこと。

質問

1. Aさんは、どうして柔道部《じゅうどうぶ》に入りましたか。

2. Bさんの話し方は、どうして急に変《か》わりましたか。

3. Aさんは、部員《ぶいん》たちの態度《たいど》が変《か》わったことについて、どう感《かん》じていますか。

考えましょう

1. 学生同士《どうし》のグループの中で、あなたは態度《たいど》や言葉遣《ことばづか》いに気をつけますか。

2. 今まで気楽《きらく》に付《つ》き合《あ》っていた相手《あいて》が、あなたの年齢《ねんれい》を知ってから態度《たいど》や言葉遣《ことばづか》いが変《か》わったという経験《けいけん》がありますか。あるいは、その反対《はんたい》はありますか。経験《けいけん》がある人は、そのときどんな気持ちでしたか。

3. Ａさんにどのようなアドバイスをしますか。

4. 日本へ来てから、年齢《ねんれい》による上下《じょうげ》関係《かんけい》について変《へん》だと思ったことがありますか。
（例《れい》：サークル、研究室、アルバイトなどで）

ケース
33 剣道部《けんどうぶ》の部長《ぶちょう》になったけれど……

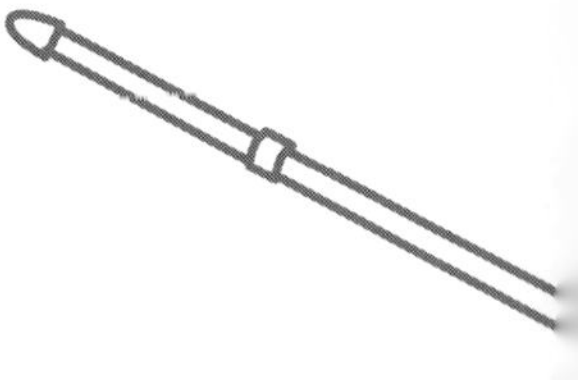

登場人物《とうじょうじんぶつ》

大学生のＡさん
剣道部《けんどうぶ》の先輩《せんぱい》のＢさん
剣道部《けんどうぶ》の同級生《どうきゅうせい》のＣさん

大学３年生のＡさんは、この４月に大学の剣道部《けんどうぶ》の部長《ぶちょう》になりました。自分がまさか部《ぶ》長《ちょう》になるなんて思っていませんでした。なぜなら自分の剣道《けんどう》の実力《じつりょく》は、他《ほか》の３年生と比《くら》べて、劣《おと》っているからです。一番《いちばん》下手というわけではありませんが、大会《たいかい》や試合《しあい》でいい成績《せいせき》を残《のこ》したことがありませんでした。それなのに、３月に前の部長《ぶちょう》だったＢ先輩《せんぱい》から「Ａに次《つぎ》の部長《ぶちょう》をやってもらいたい」と言われました。「えっ？　僕《ぼく》が……ですか。僕《ぼく》よりも部長《ぶちょう》にふさわしい人がいると思いますけど」と言うと、「Ａは、人の気持ちがわかるだろう。今の剣道部《けんどうぶ》は、ばらばらでまとまりがなくて、練習《れんしゅう》をまじめにやらない人が多すぎると思うんだ。みんなをまとめて、みんなのやる気《き》を出してほしい。そうしたら、もっと試合《しあい》に勝《か》てるようになると思うんだ」と言うのです。確《たし》かにＡさんは、人が嫌《いや》がる仕事も率先《そっせん》してやりますし、部員《ぶいん》の相談《そうだん》にもよく乗《の》ってあげるので、同級生《どうきゅうせい》にも後輩《こうはい》にも慕《した》われて[1]います。それに、いつも練習《れんしゅう》をまじめにやってきました。自分が部《ぶ》をまとめることができるか心配《しんぱい》でしたが、部長《ぶちょう》を引《ひ》き受《う》けることにしました。

Ａさんが部長《ぶちょう》になって、苦々《にがにが》しく[2]思っている人がいました。Ａさんの同級生《どうきゅうせい》のＣさんです。Ｃさんは子どものころから剣道《けんどう》を習っていたので、一番剣道《いちばんけんどう》の実力《じつりょく》があります。Ｃさんにあこがれている部員《ぶいん》も少なくありません。Ｃさんは剣道《けんどう》が一番《いちばん》うまい自分が部長《ぶちょう》にふさわしく、当然《とうぜん》自分がなると思っていたのです。それに部長《ぶちょう》の経験《けいけん》は、就職《しゅうしょく》に有利《ゆうり》になると聞いていたので、部長《ぶちょう》をぜひやりたいと思っていたのです。Ａさんは、そんなＣさんが苦《にが》手《て》でした。剣道《けんどう》が下手な自分が馬鹿《ばか》にされているような気がしていたからです。実際《じっさい》、ＣさんはＡさんの言うことを聞きませんでした。ＣさんはＡさんが考えてきた練習《れんしゅう》メニューに従《したが》わなかったり、練習《れんしゅう》をさぼったりします。Ａさんが注意すると、「僕《ぼく》は練習《れんしゅう》しなくても試合《しあい》に勝《か》てるから。君《きみ》はもっと練習《れんしゅう》したほうがいいと思うけれどね」と言って平気《へいき》な顔《かお》をしています。そんなＣさんにＡさんは強く言うことができませんでした。

上級生《じょうきゅうせい》のＣさんが平気《へいき》で練習《れんしゅう》をさぼるわけですから、後輩《こうはい》たちも前より練習《れんしゅう》をさぼるようになってしまいました。剣道部《けんどうぶ》はＡさんが部長《ぶちょう》になってから、まとまるどころか、前よりも悪い状況《じょうきょう》になってしまったのです。ついには、いつも「Ａ先輩《せんぱい》、Ａ先輩《せんぱい》」と自分を慕《した》ってくれていた後輩《こうはい》までもが練習《れんしゅう》をさぼるようになりました。Ａさんがこの後輩《こうはい》にどうして練《れん》習《しゅう》に来ないのかと聞くと、「最近雰囲気《さいきんふんいき》が悪くて、練習《れんしゅう》に行っても楽しくない」「楽しくなかったら、何のために剣道部《けんどうぶ》に入っているのかわからない」と言うのです。

Ａさんはあいかわらず、練習《れんしゅう》をまじめにやり、部室《ぶしつ》の掃除《そうじ》や道具《どうぐ》の整理《せいり》など、人がやりたがらない仕事を積極的《せっきょくてき》にやっています。自分のそのような姿《すがた》を見せれば、いつか部員《ぶいん》がついて来てくれるはずだと思っているからです。前の部長《ぶちょう》のＢ先輩《せんぱい》は人の気持ちがわかる、やさしい性格《せいかく》の自分を高く評価《ひょうか》して、部長《ぶちょう》に抜擢《ばってき》して[3]くれたのですから。

でも、結果《けっか》をまったく出せないまま時間が過《す》ぎ、Ａさんはとても悩《なや》んでいます。最近《さいきん》では、いっそＣさんに部長《ぶちょう》の座《ざ》をゆずってしまおうかと考えていますが、自信家《じしんか》で傲慢《ごうまん》なＣさんが部長《ぶちょう》になったら、ますます部員《ぶいん》が減《へ》ってしまうのではないかと心配《しんぱい》もしています。大《だい》好《す》きな剣道部《けんどうぶ》の役《やく》に立ちたいと思って、部長《ぶちょう》になったのに……。Ａさんはどうすればいいのでしょうか。

1 慕《した》われる：好《す》かれる。

2 苦々《にがにが》しい：嫌《いや》な気持ちで、楽しくない。

3 抜擢《ばってき》する：多くの人の中から選《えら》び出して、重要《じゅうよう》な地位《ちい》につかせること。

質問

1. Aさんは、「部長《ぶちょう》をやってほしい」と言われたとき、どう思いましたか。また、それはどうしてですか。

2. B先輩《せんぱい》は、Aさんのどんなところが、部長《ぶちょう》としてふさわしいと思いましたか。

3. CさんはAさんが部長《ぶちょう》になって、どうして苦々《にがにが》しく思いましたか。また、部長《ぶちょう》になったAさんに対して、どんな態度《たいど》で接《せっ》しましたか。

4. Aさんは、そんなCさんに対してどんな態度《たいど》で接《せっ》しましたか。それはどうしてですか。

5. Aさんを慕《した》っていた後輩《こうはい》は、どうして練習《れんしゅう》をさぼるようになったと言っていますか。

考えましょう

1. Aさんのこれまでの言動《げんどう》に問題があったと思いますか。あったとしたら、何が問題だったでしょうか。

2. Cさんの言動《げんどう》に問題があったと思いますか。あったとしたら、それはどんな問題ですか。

3. Cさんが部長《ぶちょう》になったら、状況《じょうきょう》はよくなったと思いますか。それはどうしてですか。

4. Aさんは、部長《ぶちょう》として剣道部《けんどうぶ》の状況《じょうきょう》をよくするために、これからどうしたらいいと思いますか。

5. あなたはグループや組織《そしき》のリーダーになったことがありますか。もしあったとしたら、リーダーの役割《やくわり》をきちんと果《は》たせたと思いますか。リーダーになったことがない人は、もし自分がリーダーになったら、リーダーの役割《やくわり》が果《は》たせると思いますか。

6. あなたは「リーダーシップ」に大切なことは何だと思いますか。いくつか考えてください。

ケース

34 私、彼氏《かれし》いるんですけど……

登場人物《とうじょうじんぶつ》

留学生《りゅうがくせい》のAさん（女性《じょせい》）
大学のサークルの友だちBくん（男性《だんせい》）
サークルの友だちCさん（女性《じょせい》）

Aさんは1年間の交換留学生《こうかんりゅうがくせい》として来日《らいにち》し、大学に通っています。友だちもたくさんでき、充実《じゅうじつ》した毎日を送っていますが、一つ困《こま》ったことがあります。それは、サークルの友だち、Bくんのことです。Aさんはサークルに入り、活動《かつどう》を続《つづ》けるうちに、とても仲《なか》のいいグループができました。このグループの人たちといつも遊《あそ》びに行ったり、食事に行ったり、飲み会をしたりするようになりました。このグループの中にBくんがいます。Bくんは、おとなしい性格《せいかく》で、いい人なのですが、飲み会で酔《よ》っぱらうと、豹変《ひょうへん》して[1]しまうのです。

ある日の飲み会のときに、Aさんが他《ほか》の友だちと楽しく話していると、酔《よ》っぱらったBくんが割《わ》り込《こ》んで「ねえねえ、Aちゃん、今度二人で映画見に行こうよ」と言ってきました。まわりの友だちは、「おおっ、BはAちゃんのことが好《す》きなんだね～」とはやし立《た》てます[2]。Aさんには国に8年間付《つ》き合《あ》っている彼氏《かれし》がいます。今は遠距離恋愛《えんきょりれんあい》ですが、Aさんのことをいつも応援《おうえん》してくれています。Aさんは「私、国に彼氏《かれし》がいるよ」と答えました。それでも、Bくんはしつこく「日本の彼氏《かれし》はいないだろう」と言うのです。まわりの友だちはおもしろがって、「B、頑張《がんば》れ！」などと言っています。Aさんは恥《は》ずかしくて顔《かお》が真《ま》っ赤《か》になりました。「もう、いいかげんにして」と思いながらも、その場《ば》の楽しい雰囲気《ふんいき》を壊《こわ》したくなくて、黙《だま》っていました。

次《つぎ》の日、サークルの活動《かつどう》でＢくんと会うと、何もなかったような顔《かお》をしています。おかしいなと思ったＡさんは、友だちのＣさんに「ねえ、Ｂくんっていつも酔《よ》っぱらうとあんな感《かん》じなの？　昨日《きのう》言われたことがちょっと気になって……」と言うと、Ｃさんは「ああ、気にしない、気にしない。Ｂくんはお酒《さけ》が弱《よわ》くて、酔《よ》っぱらったときのこと、何も覚《おぼ》えていないんだよ」と言うのです。「じゃあ、付《つ》き合《あ》おうと言われたことも気にしなくていいのかな？」と言うと、「Ａちゃんと付《つ》き合《あ》いたいっていうのは、きっと本心《ほんしん》だと思うけどね」と言いました。

その後《ご》も、何回《なんかい》か同じようなことがあり、Ａさんはだんだんグループの集《あつ》まりに「Ｂくんが来なければいいのに」と思うようになってしまいました。あるときは、酔《よ》っぱらったＢくんがＡさんに抱《だ》きつこうとしている写真を誰《だれ》かに撮《と》られて、SNSのページにアップされてしまいました。こんな写真、彼氏《かれし》に見られて、誤解《ごかい》されたらどうしようと思いましたが、グループの人たちには、何も言うことができませんでした。

あるとき、Ｃさんの誕生《たんじょう》パーティーをすることになり、Ａさんも誘《さそ》われました。「Ａちゃんも来てくれるよね？」と聞かれ、「うん」と答えたものの、前のように心から行きたいと思っていない自分に気《き》がつきました。Ｂくんがまた酔《よ》っぱらって、絡《から》んで[3]きたら嫌《いや》だな……どうしようか。断《ことわ》ってしまおうか……。でも、Ｂくんのことが原因《げんいん》でせっかく仲良《なかよ》くなれたグループの集《あつ》まりに参加《さんか》しないのも、残念《ざんねん》です。お誕生日《たんじょうび》のＣさんに対《たい》しても失礼《しつれい》な気がします。Ａさんは、これからＢくんとの関係《かんけい》をどうしたらいいのか、グループとの付《つ》き合《あ》いをどうしたらいいのか、真剣《しんけん》に悩《なや》んでいます。Ｂくんは、お酒《さけ》を飲まなければ、とてもやさしくていい人なのです。それに、酔《よ》っぱらっていないときに、「付《つ》き合《あ》おう」とか、「好《す》きだ」とか言われたことは一度もないので、Ｂくんに改《あらた》まって何か言うのも変《へん》な気がします。

1　豹変《ひょうへん》する：急に態度《たいど》や行動《こうどう》が変《か》わってしまうこと。

2　はやし立《た》てる：大きな声で、ひやかしたり、ほめたりすること。

3　絡《から》む：理屈《りくつ》をこねたり、無理《むり》を言ったりして相手《あいて》を困《こま》らせること。

質問

1. Aさんは、どのようにしてBくんと知り合《あ》いましたか。

2. Aさんは、最初《さいしょ》Bくんのことをどのように思っていましたか。

3. Aさんは、Bくんにデートに誘《さそ》われたときに、何と言って断《ことわ》りましたか。

4. Bくんはどうして、次にAさんと会ったとき、何もなかったようにしていましたか。

5. Aさんは、どうしてCさんの誕生《たんじょう》パーティーに行きたくないと思いましたか。

考えましょう

1. これまでのAさんの言動《げんどう》に問題があったと思いますか。あったとしたら、それはどんな問題ですか。

2. これまでのＢくんの言動《げんどう》に問題があったと思いますか。あったとしたら、それはどんな問題ですか。

3. Ｂくんは、どうして酔《よ》っぱっていないときにＡさんを誘《さそ》ったり、告白《こくはく》したりしないと思いますか。

4. Ａさんは、これからどうしたらいいと思いますか。

5. あなたも好《す》きではない人に告白《こくはく》された経験《けいけん》がありますか。そのとき、どうしましたか。

6. あなたも酔《よ》っぱらって、他《ほか》の人に迷惑《めいわく》をかけたり、酔《よ》っぱらった人に迷惑《めいわく》をかけられたりしたことがありますか。

第5章　将来と仕事

35
36
37
38
39
40

ケース

35 どこで就職《しゅうしょく》する？

登場人物《とうじょうじんぶつ》

留学生《りゅうがくせい》のＡさん
Ａさんのお父さん

留学生《りゅうがくせい》のＡさんは、日本の大学院《だいがくいん》で応用工学《おうようこうがく》の研究をするため、１年半前に来日《らいにち》しました。来日《らいにち》前は就職《しゅうしょく》についてあまり考えていなかったので、大学院《だいがくいん》を卒業《そつぎょう》したら帰国《きこく》するつもりでした。でも、日本で研究を続《つづ》けるうちにどうしても日本の企業《きぎょう》に就職《しゅうしょく》したいと思うようになりました。なぜなら就職《しゅうしょく》した先輩《せんぱい》たちはみんな「大学院《だいがくいん》で得《え》た知識《ちしき》や技術《ぎじゅつ》を活用《かつよう》するなら日本の企業《きぎょう》で働《はたら》くのが一番《いちばん》だ」と口をそろえて言うのです。それを聞いたＡさんは、仕事で使えるぐらいに日本語が上手になることを目標《もくひょう》に、研究同様《どうよう》、日本語の勉強も一生懸命《いっしょうけんめい》するようになりました。

夏休みにインターンシップができる企業《きぎょう》を探《さが》していたＡさんは電気機器《きき》メーカーのＨ社のインターンシップ生に選《えら》ばれました。Ｈ社のインターンシップは日本人学生の間でも人気があるので競争率《きょうそうりつ》が非常《ひじょう》に高く、Ｈ社はＡさんの国でもとても有名な企業《きぎょう》です。Ａさんはそこで２週間、日本人の学生たちといっしょに有意義《ゆういぎ》な経験《けいけん》をし、卒業後《そつぎょうご》はぜひＨ社で働《はたら》きたいと思うようになりました。

そのころ、国にいるＡさんのお父さんから「いつ帰国《きこく》するのか」という電話が頻繁《ひんぱん》にかかってくるようになりました。お父さんはＡさんの帰国《きこく》を心待《こころま》ちにしているようだったので、Ａさんは日本で就職《しゅうしょく》したいという気持ちをなかなか言えませんでした。Ａさんが研究と就職活動《しゅうしょくかつどう》に忙《いそが》しくしていたある日、またお父さんから電話がかかってきて、「日系企業《にっけいきぎょう》への就職《しゅうしょく》が決《き》まったから、卒業《そつぎょう》したらすぐ帰ってきなさい」と言われました。Ａさんはとても驚《おどろ》き、「私は日本で働《はたら》きたいと思っています」と言いましたが、お父さんは「日本の会社で働《はたら》きたいならこちらでもできる。大学院《だいがくいん》を卒業《そつぎょう》したら帰国《きこく》すると言っていたじゃないか」と言って、聞く耳《みみ》を持ちません。

Ａさんは自分の専門性《せんもんせい》に誇《ほこ》りを持っているので、将来《しょうらい》はそれを生《い》かした仕事をしたいと思っていました。しかし、母国《ぼこく》にはまだそのような仕事ができる企業《きぎょう》はなく、お父さんが決めた日系企業《にっけいきぎょう》では現地採用《げんちさいよう》の外国人社員《しゃいん》は通訳《つうやく》・翻訳《ほんやく》の仕事しか与《あた》えられないのが現状《げんじょう》です。それではせっかくの日本留学《りゅうがく》が無駄《むだ》になってしまうし、H社で働《はたら》くという夢《ゆめ》もあきらめなければなりません。でも、Ａさんはお父さんの意見に逆《さか》らうような親不孝《おやふこう》はしたくありません。ずいぶん悩《なや》みましたが、Ａさんは帰国《きこく》することを決《き》め、就職活動《しゅうしょくかつどう》もやめてしまいました。ただ、ときどき「本当《ほんとう》にこれでよかったのだろうか」と思っています。

質問

1. Aさんは、留学《りゅうがく》前から日本で働《はたら》きたいと思っていましたか。

2. Aさんは、国の日系《にっけい》企業《きぎょう》で働《はたら》きたいと思っていません。それはどうしてですか。

3. Aさんは、どうして帰国《きこく》することを決《き》めましたか。

考えましょう

1. これまでのAさんの言動《げんどう》に問題があったと思いますか。あったとしたら、それはどのような問題ですか。

2. Aさんはお父さんに、どうやって自分の気持ちを話せばよかったと思いますか。

3. あなたがAさんの立場《たちば》だったら、日本で就職《しゅうしょく》しますか。親《おや》が決《き》めた国の会社に就職《しゅうしょく》しますか。

4. あなたが就職《しゅうしょく》について考えるとき、一番《いちばん》大切なポイントは何ですか。

ケース

36 人生の岐路《きろ》

登場人物《とうじょうじんぶつ》

大学生のＡさん（女性《じょせい》）
大学生のＢくん（Ａさんの彼氏《かれし》）

東京《とうきょう》の大学に通う大学４年生のＡさんは、今、就職活動《しゅうしょくかつどう》をしています。日本は不景気《ふけいき》ですから、なかなか内定《ないてい》[1]がもらえずに、苦労《くろう》しています。でも、やりたい仕事のために毎日頑張《がんば》っていました。なかなか内定《ないてい》がもらえないのも悩《なや》みですが、Ａさんにはもう一つ悩《なや》みがあります。それは大学の同級生《どうきゅうせい》である、彼氏《かれし》のＢくんのことです。Ａさんは大学を卒業《そつぎょう》したあとで、二人の仲《なか》がどうなってしまうのか不安《ふあん》に感《かん》じています。Ａさんは、Ｂくんと将《しょう》来結婚《らいけっこん》したいと思っています。Ｂくんはとてもやさしいし、気《き》が合《あ》うし、Ｂくんとなら結婚《けっこん》してもうまくやっていけそうだと思ったからです。今はＢくん以外の人と結婚《けっこん》することは、考えられません。Ｂくんはすでに東京《とうきょう》の会社から内定《ないてい》をもらっているので、Ｂくんと離《はな》れないためにも、ぜひ東京《とうきょう》で就職《しゅうしょく》したいと考えているのです。

しかし、大阪《おおさか》に住んでいるＡさんの両親《りょうしん》は、一人娘《ひとりむすめ》のＡさんに、大阪《おおさか》の会社に就職《しゅうしょく》して、大阪《おおさか》に住んでほしいと考えています。それで、何度《なんど》も大阪《おおさか》の会社の試験《しけん》を受《う》けるように勧《すす》めてきました。Ａさんは、何度《なんど》かＢくんに「大阪《おおさか》の会社の試験《しけん》を受《う》けてみようかなあ」と言ってみましたが、Ｂくんはいつも「ふうん。受《う》けてみなよ」と言うだけで、あまり興味《きょうみ》がなさそうでした。ＡさんはＢくんが自分との関係《かんけい》をどう思っているのか、将来《しょうらい》どうしたいのかがわかりません。ＡさんもＢくんもまだ大学生ですし、「結婚《けっこん》するつもりがあるの？」などとは聞けませんでした。もし聞いて、関係《かんけい》が気《き》まずくなるのもこわかったのです。

Aさんは、両親《りょうしん》に勧《すす》められるまま、大阪《おおさか》の会社の試験《しけん》をいくつか受《う》けてみたところ、内定《ないてい》通知《つうち》をもらうことができました。50社ぐらい受《う》けて、初《はじ》めてもらった内定《ないてい》です。どうやら、父親《ちちおや》のコネ[2]で決《き》まったようです。Aさんはこの会社に就職《しゅうしょく》するべきか、とても迷《まよ》いました。もちろん両親《りょうしん》は大喜《おおよろこ》びでしたが、会社の事業《じぎょう》や仕事の内容《ないよう》は希望《きぼう》とは違《ちが》いました。そこで、Bくんに話してみて、彼《かれ》の反応《はんのう》を見てみようと思いました。Bくんは何と言うでしょうか。「大阪《おおさか》に行くな」とか、「東京《とうきょう》で希望《きぼう》の会社から内定《ないてい》をもらえるまで頑張《がんば》れ！」と言ってくれるのでしょうか。もしかしたら、二人のこれからについて話すチャンスになるかもしれません。AさんはBくんに「実《じつ》はね、大阪《おおさか》の会社から内定《ないてい》をもらったんだよ」と言いました。すると、Bくんは、「そうか！　おめでとう。それじゃあ、今日はお祝《いわ》いにおいしいものを食べに行こうよ」と言いました。

AさんはBくんの言葉《ことば》を聞いて、悲《かな》しくなりました。Aさんが大阪《おおさか》の会社に就職《しゅうしょく》すれば、二人は離《はな》ればなれになります。それなのに、二人のことについては何も言わずに「おめでとう」だなんて！　Aさんはだんだん腹《はら》が立《た》ってきて、Bくんに「私のことなんて、どうでもいいと思っているのね。だったら、もっと早く言ってくれれば、最初《さいしょ》からこんなに苦労《くろう》しないで、大阪《おおさか》の会社を受《う》けたのに」と言ってしまいました。「いつも私が就職《しゅうしょく》のことで悩《なや》んでいても、ちっとも相談《そうだん》に乗《の》ってくれなかったよね。私のこと、どうでもいいと思っているんでしょう！」　AさんはBくんを責《せ》める言葉《ことば》を発《はっ》してしまいました。

1　内定《ないてい》：正式《せいしき》に決《き》まる前に、決《き》まること。ここでは就職《しゅうしょく》の内定《ないてい》。

2　コネ：有利《ゆうり》になる特別な人間関係《にんげんかんけい》。

質問

1. Ａさんの悩《なや》みは何ですか。

2. Ａさんは、どうして東京《とうきょう》の会社に就職《しゅうしょく》したいと思っていますか。

3. Ａさんの相談《そうだん》に対《たい》して、Ｂくんはいつもどのような態度《たいど》で応《こた》えましたか。

4. Ａさんは、どうしてＢくんの気持ちが聞けませんでしたか。

5. Ａさんは、どうしてＢくんに対《たい》して、腹《はら》が立《た》ちましたか。

考えましょう

1. ＡさんとＢくんのこれまでの言動《げんどう》に問題があったと思いますか。あったとしたら、それはどんな問題ですか。

2. Ｂくんは、どうしてそのような態度《たいど》を取《と》ったと思いますか。Ｂくんの立場《たちば》から考えてみてください。

3. Ａさんは最後《さいご》にＢくんを責《せ》めました。ＡさんはＢくんを責《せ》める以外に、どのような言い方ができたでしょうか。

4. Ａさんの「大阪《おおさか》の会社に就職《しゅうしょく》する」、「東京《とうきょう》で続《つづ》けて就職活動《しゅうしょくかつどう》をする」という二つの選択《せんたく》には、それぞれどのような結末《けつまつ》が考えられますか。

5. Ａさんは、これからどうしたらいいと思いますか。

6. あなたもＡさんのように自分の進路《しんろ》と彼氏《かれし》や彼女《かのじょ》の問題で悩《なや》んだ経験《けいけん》がありますか。

ケース

37 家族の期待《きたい》と自分のしたいことのはざまで

登場人物《とうじょうじんぶつ》

留学生《りゅうがくせい》のAさん
Aさんのお父さん
サッカー部《ぶ》の指導者《しどうしゃ》である大学教授《きょうじゅ》

Aさんは日本の大学の経済学部《けいざいがくぶ》3年生です。お父さんに「日本の大学を卒業《そつぎょう》したら、イギリスに行ってMBAを取《と》りなさい」と言われました。Aさんの家族《かぞく》は国で会社を経営《けいえい》しています。この会社はおじいさんが設立《せつりつ》した会社で、おじいさんがこの会社の社長です。お父さんは副社長《ふくしゃちょう》です。子どものころから、この会社をAさんが継《つ》ぐことは決まっていて、Aさん自身《じしん》も会社を継《つ》ぐことが、自分の家族に対《たい》する責任《せきにん》だと思ってきました。しかし、大学卒業後《そつぎょうご》の進路《しんろ》について、お父さんが言うようにイギリスにMBAを取《と》りに行こうかどうしようか、少し迷《まよ》っています。

Aさんは子どものころからスポーツに興味《きょうみ》があって、大学もスポーツに関係《かんけい》のある分野《ぶんや》に進《すす》みたいと、なんとなく考《かんが》えていました。しかし高校生のとき、「だめだ。スポーツを勉強しても会社経営《けいえい》には何の役《やく》にも立たない」とお父さんに言われて「そうかもしれない」と思ったので、日本の大学に留学《りゅうがく》して日本語と経営学《けいえいがく》を勉強することにしました。

今またスポーツについて勉強したいという気持《きも》ちが蘇《よみがえ》ってきました。高校生のときは、「スポーツに興味《きょうみ》があるからもっといろいろなことを知りたい」という単純《たんじゅん》な思いだったのですが、今は違《ちが》います。スポーツと言っても、スポーツ選手《せんしゅ》になりたいわけではなく、スポーツマネージメントを専門《せんもん》に勉強したいのです。特にここ数年《すうねん》、大学のサッカー部《ぶ》のマネージャーをしてその気持ちが強くなりました。遠征旅行《えんせいりょこう》のために寄付金《きふきん》をもらいに企業《きぎょう》に行ったりすることも多く、Aさんはスポーツと社会や経済《けいざい》との関係《かんけい》に興味《きょうみ》を持ち始めたのです。

最近《さいきん》、サッカー部《ぶ》を指導《しどう》している教授《きょうじゅ》から、「アメリカのスポーツマネージメントの専門《せんもん》大学院《だいがくいん》から留学生《りゅうがくせい》募集《ぼしゅう》が来てるんだけど。Ａくんだったら、推薦《すいせん》できるよ」と言われました。奨学金《しょうがくきん》ももらえるそうです。Ａさんは、スポーツを通《とお》して自分にしかできないことが何かあるのではないかと漠然《ばくぜん》と考えています。しかし、それはまだ曖昧《あいまい》な夢《ゆめ》に過《す》ぎません。

Ａさんには家族の会社を守るという責任《せきにん》があり、将来《しょうらい》はこの会社の経営《けいえい》者になることが決《き》まっています。だから、両親《りょうしん》が自分にMBAの勉強を勧めるのは Ａさんの将来《しょうらい》を考えてのことだと理解《りかい》しています。一方《いっぽう》で、スポーツマネージメントの勉強をしたい、スポーツを通《とお》して自分にしかできないことをしたい、という気持ちもどんどん大きくなってきています。Ａさんは、決断《けつだん》する時期《じき》が迫《せま》ってきています。

質問

1. Aさんは家族から何を期待《きたい》されていますか。

2. Aさんは高校生のとき、大学で何を勉強したいと思っていましたか。

3. 2.に対《たい》して、お父さんは何と言いましたか。

4. お父さんは、Aさんの大学卒業後《そつぎょうご》の進路《しんろ》について何と言っていますか。

5. Aさんは、アメリカで何を勉強したいと考えていますか。

考えましょう

1. Aさんには、「家族への責任《せきにん》」や「家族からの期待《きたい》」があります。あなたにも、「家族への責任《せきにん》」や、「家族からの期待《きたい》」がありますか。

2. Aさんが自分の卒業後《そつぎょうご》の進路《しんろ》を決めるとき、考えなければいけないことは何だと思いますか。いくつか項目《こうもく》をあげてください。

3. あなたがAさんの立場だったら、これからどうしますか。誰《だれ》かに相談《そうだん》しますか、しませんか。それはどうしてですか。

ケース
38 ちゃんとした仕事をさせてくれない

登場人物《とうじょうじんぶつ》

会社員のＡさん（女性《じょせい》）
Ｂ課長《かちょう》（男性《だんせい》）
同期入社《どうきにゅうしゃ》のＣさん（男性《だんせい》）
同期入社《どうきにゅうしゃ》の女性社員《じょせいしゃいん》

Ａさんは日本の大学の経営学部《けいえいがくぶ》を卒業《そつぎょう》した元留学生《もとりゅうがくせい》です。日本の会社で働《はたら》きたいという夢《ゆめ》がかなって、１年前から東京《とうきょう》に本社《ほんしゃ》がある中規模《ちゅうきぼ》の会社に総合職《そうごうしょく》[1]として勤《つと》めています。大企業《だいきぎょう》に入るという選択《せんたく》もありましたが、Ａさんは中規模《ちゅうきぼ》の会社に入ることを選択《せんたく》しました。なぜなら、大企業《だいきぎょう》よりもこのような会社のほうが大きな仕事を任《まか》せてもらえて、自分の力が発揮《はっき》できると考えたからです。この会社が総合職《そうごうしょく》の外国人女性《じょせい》を採用《さいよう》するのは初《はじ》めてだったので、多少《たしょう》の不安《ふあん》はありましたが、Ａさんの国での工場の立《た》ち上《あ》げや市場《しじょう》の拡大《かくだい》といった仕事に関《かか》われるだろうと期待《きたい》していました。

入社後《にゅうしゃご》、配属《はいぞく》されたのは期待《きたい》どおり、海外事業部《かいがいじぎょうぶ》でした。しかし、入社《にゅうしゃ》して１年がたった今、Ａさんは仕事について不満《ふまん》に思っています。仕事は、いつもＢ課長《かちょう》から指示《しじ》を受《う》けています。Ｂ課長《かちょう》には、「この書類《しょるい》を日本語に翻訳《ほんやく》して」とか、「この内容《ないよう》を○○語に翻訳《ほんやく》してあっちの事務所《じむしょ》にメールを送って」などと指示《しじ》されます。また、「会議《かいぎ》の資料《しりょう》を20部《ぶ》コピーして」とか、お客《きゃく》さんが来るから「会議室《かいぎしつ》にコーヒーを三つ持って来て」といった仕事も指示《しじ》されます。翻訳《ほんやく》の仕事をさせられることは予想《よそう》していましたが、Ａさんが嫌《いや》だと思うのは、仕事の全体《ぜんたい》が見えないことです。Ａさんが関《かか》わっている業務《ぎょうむ》がどのようなプロジェクトの、どのようなプロセスにあるのかがわかれば、もっとおもしろくなって、やりがいを感《かん》じることができると思うのです。しかし、Ｂ課長《かちょう》はそれを説明《せつめい》しないで、ただ簡単《かんたん》な指示《しじ》だけをするのです。

それに、Ａさんの国では、コピーを取《と》ったり、コーヒーを入れたりする仕事は大学を卒業《そつぎょう》していない、給料《きゅうりょう》が安い社員《しゃいん》やパートタイムの人がするものです。「新入社員《しんにゅうしゃいん》だからしょうがない」と自分を納得《なっとく》させようとしましたが、Ｂ課長《かちょう》は、同じ部《ぶ》に配属《はいぞく》された、同期入社《どうきにゅうしゃ》の男性社員《だんせいしゃいん》のＣさんには、このような仕事は頼《たの》みません。ある日、Ｂ課長《かちょう》に、お客《きゃく》さんが来るからコーヒーを会議室《かいぎしつ》まで持ってくるように頼《たの》まれました。Ａさんは思《おも》い切《き》って「今、急《いそ》ぎの仕事をしているので、Ｃさんに頼《たの》んでいただけませんか」と言うと、Ｂ課長《かちょう》はびっくりした顔《かお》をして、「コーヒーはやっぱり女性《じょせい》が持って来てくれたほうがおいしいだろう。それに、男性《だんせい》が持って来たらお客《きゃく》さんがびっくりしちゃうじゃないか」と言われ、結局《けっきょく》断《ことわ》れませんでした。

ある日、B課長《かちょう》がAさんの国に出張《しゅっちょう》することになりました。B課長《かちょう》はAさんの国の言葉《ことば》が話せないので、Aさんは自分も出張《しゅっちょう》に同行《どうこう》できるかもしれないと期待《きたい》していました。もし出張《しゅっちょう》できたら、現地《げんち》の様子《ようす》がわかるし、いつもメールを書いている相手《あいて》と顔《かお》を合《あ》わせることができますし、自分がしている仕事の全体像《ぜんたいぞう》も見えてくるのではないかと思いました。ところが、Aさんではなく、他《ほか》の部《ぶ》で働《はたら》いている日本人男性社員《だんせいしゃいん》が通訳《つうやく》として同行《どうこう》することになったのです。Aさんは悔《くや》しくて、トイレに行って泣《な》いてしまいました。

Aさんは同期入社《どうきにゅうしゃ》の女性社員《じょせいしゃいん》にこのような仕事の悩《なや》みを話してみることにしました。Aさんと同じ大卒《だいそつ》の総合職《そうごうしょく》の女性《じょせい》ならば、同じような悩《なや》みがあるかもしれないと思ったからです。ところが、話を聞いた一人は「楽《らく》な仕事でお給料《きゅうりょう》がもらえるんだからラッキーじゃない?」と言うのです。また、もう一人には「Aさんの気持ちはわかるけど、しょうがないよ。制度《せいど》は男《だん》女平等《じょびょうどう》に変《か》わっても、女性部下《じょせいぶか》をどのように使うかは、上司次第《じょうししだい》だから」と言われました。Aさんはこれを聞いてとても孤独《こどく》に感《かん》じました。同じ女性《じょせい》には共感《きょうかん》してもらえると思ったのに……。やはり日本人の女性《じょせい》とは考え方が違《ちが》うのでしょうか。自分が仕事を任《まか》せてもらえないのは女性《じょせい》だから? 外国人だから? それとも、新入社員《しんにゅうしゃいん》だからでしょうか。Aさんは仕事にやりがいが感《かん》じられないどころか、差別《さべつ》されていると感《かん》じ、ストレスがたまるばかりです。

1 総合職《そうごうしょく》:管理職《かんりしょく》、あるいは、将来的《しょうらいてき》に管理職《かんりしょく》になることが期待《きたい》されている正社員《せいしゃいん》。これに対して一般職《いっぱんしょく》は定型的《ていけいてき》、補助的《ほじょてき》な仕事をする正社員《せいしゃいん》。

質問

1. Ａさんは、どうして中規模《ちゅうきぼ》の会社に就職《しゅうしょく》しましたか。

2. Ａさんは、今どんな仕事をしていますか。

3. Ａさんは、最近《さいきん》どうして仕事に不満《ふまん》を持っていますか。

4. Ａさんは、どうして出張《しゅっちょう》に行きたかったのでしょうか。

5. Ａさんは、どうして同期《どうき》の女性《じょせい》に相談《そうだん》しましたか。

6. 同期《どうき》の女性《じょせい》は、Ａさんの相談《そうだん》に対《たい》して、何と言いましたか。それを聞いて、Ａさんはどのように感《かん》じましたか。

考えましょう

1. Ａさんのこれまでの言動《げんどう》に問題があったと思いますか。あったとしたら、それはどんな問題ですか。

2. Aさん以外の人（B課長《かちょう》、Cさん）の言動《げんどう》に問題があったと思いますか。あったとしたら、それはどんな問題ですか。

3. あなたは、同期入社《どうきにゅうしゃ》の女性社員《じょせいしゃいん》の考え方についてどう思いますか。

4. Aさんは、この会社で頑張《がんば》ったほうがいいと思いますか。それとも、この会社を辞《や》めて他《ほか》の会社で働《はたら》くことを考えたほうがいいと思いますか。これらの選択肢《せんたくし》のメリットとデメリットを考えてみてください。

5. 4.のメリット、デメリットを比《くら》べて、Aさんはこれからどうしたらいいか、考えてください。

ケース

39 職場《しょくば》の人間関係《にんげんかんけい》

登場人物《とうじょうじんぶつ》

会社員のAさん
後輩《こうはい》のBさん
C課長《かちょう》

Aさんはある会社の営業部《えいぎょうぶ》で働《はたら》き始めてから8年になります。Aさんは、入社以来《にゅうしゃいらい》、上《じょう》司《し》や先輩《せんぱい》や同僚《どうりょう》に仕事のあとで食事や飲み会に誘《さそ》われたら、特別な用事がない限《かぎ》り、応《おう》じていました。上司《じょうし》や先輩《せんぱい》と飲みながら、時には「おまえの仕事のやり方《かた》はダメだ」などと説《せっ》教《きょう》されることもありましたが、それも勉強だと思っていましたし、何よりも職場《しょくば》の人《にん》間関係《げんかんけい》を築《きず》く上で、このような機会《きかい》は必要《ひつよう》だと思っていました。先輩《せんぱい》に仕事の相談《そうだん》をして、いいアドバイスをもらったこともありました。こんなAさんは、上司《じょうし》や先輩《せんぱい》にもかわいがられ、同期入社《どうきにゅうしゃ》の間ではリーダー的《てき》な存在《そんざい》になっています。

Aさんは、今の職場《しょくば》の人間関係《にんげんかんけい》を不満《ふまん》に思っています。なぜなら、みんな仕事が終われば、すぐに帰ってしまいますし、仲間意識《なかまいしき》がまったくといっていいほどないのです。Aさんは中学から大学まで野球部《やきゅうぶ》に所属《しょぞく》していたので、先輩《せんぱい》・後輩《こうはい》の上下関係《じょうげかんけい》や、グループの仲《なか》間意識《まいしき》は、日本人ならみんな当《あ》たり前《まえ》に持っているものだと思っていました。Aさんはかつて自分の先輩《せんぱい》や上司《じょうし》がしてくれたように、「今日飲みに行かない？」と後輩《こうはい》たちを誘《さそ》っています。しかし、後輩《こうはい》たちは「あ、今日はちょっと……」「また今度誘《さそ》ってください」「お酒《さけ》はあんまり……」などと、ほとんど断《ことわ》られてしまうのです。そんな中、唯一誘《ゆいいつさそ》いに応《おう》じてくれる後輩《こうはい》がいます。Bさんです。AさんはBさんと週に2、3回《かい》飲みに行くようになりました。おかげで、Bさんとは仕事上《しごとじょう》もうまくいっています。Bさんとはわざわざ言葉《ことば》にしなくてもわかり合《あ》える仲《なか》になり、「あの書類《しょるい》どこにあったっけ？」とか、「あれ、3時までに頼《たの》むよ」などと言っても、すぐに返事《へんじ》が返《かえ》ってきます。それで、次第《しだい》に仕事がやりやすいBさんに重要《じゅうよう》な仕事を頼《たの》むようになっていました。

ある日Aさんは、C課長《かちょう》と飲んでいたときに、「後輩《こうはい》たちと親《した》しい人間関係《にんげんかんけい》が築《きず》けない」と話しました。C課長《かちょう》は「私も同じことを感《かん》じていた」と同意《どうい》してくれました。そして、「来月の最後《さいご》の土曜日に、全社《ぜんしゃ》で部署対抗《ぶしょたいこう》の運動会《うんどうかい》が行われることになった。人事部《じんじぶ》からは、積極的《せっきょくてき》に参加《さんか》するように言われているから、君《きみ》が営業部《えいぎょうぶ》のリーダーとして、運動会《うんどうかい》を盛《も》り上《あ》げてくれないか。そうすれば、部員《ぶいん》ともっと親《した》しくなれるんじゃないか」と言われました。Aさんは、ちょっと荷《に》が重《おも》い[1]と感《かん》じましたが、後輩《こうはい》たちと仲良《なかよ》くなるチャンスだと思って、やってみることにしました。

それから、Aさんは参加競技《さんかきょうぎ》の練習《れんしゅう》をするために、練習《れんしゅう》のスケジュールを考え、営業部《えいぎょうぶ》の部員《ぶいん》たちは週に3回仕事のあとに会社の近くのグラウンドに集まって、練習《れんしゅう》をすることになりました。ところが、集まってもチームワークが悪くて、練習《れんしゅう》がうまくいきません。練習《れんしゅう》をさぼる人も多く、みんな協力的《きょうりょくてき》ではありません。練習《れんしゅう》のあとで、飲みに誘《さそ》っても、みんなすぐに帰ってしまいます。どうして、みんなやる気《き》を出してくれないのでしょうか。Aさんは理想《りそう》と現実《げんじつ》の間で悩《なや》んでいました。そんなある日、Aさんはたまたま後輩《こうはい》たちが運動会《うんどうかい》の練習《れんしゅう》について話しているのを耳《みみ》にしてしまいました。「やってらんないよ」「強制的《きょうせいてき》に練習《れんしゅう》に参加《さんか》しろって言うんだから、仕事みたいなものなのに、残業代《ざんぎょうだい》は出ないし」「AさんとかBさんとか、やりたい人だけで練習《れんしゅう》すればいいんじゃないの」

Aさんはこの会話を聞いて、ショックでした。一致団結《いっちだんけつ》して練習《れんしゅう》すれば、仲間意識《なかまいしき》が芽生《めば》えると思って、リーダーを引《ひ》き受《う》けたのに……。運動会《うんどうかい》の練習《れんしゅう》で、人間関係《にんげんかんけい》が深《ふか》まるどころか、かえって悪くなってしまったのです。職場《しょくば》の人間関係《にんげんかんけい》に家族のような親密《しんみつ》さを求《もと》めるのは、時代遅《じだいおく》れなのでしょうか。

1　荷《に》が重《おも》い：能力《のうりょく》に比《くら》べて、負担《ふたん》が重い。

質問

1. Aさんは、どうして職場《しょくば》の人間関係《にんげんかんけい》を不満《ふまん》に思っていましたか。

2. Aさんは、仕事のあとの飲み会や食事会をどのようなものだと思っていますか。

3. Aさんは、後輩《こうはい》のBさんとはどんな関係《かんけい》ですか。

4. C課長《かちょう》は、Aさんにどのような提案《ていあん》をしましたか。

5. Aさんは、どうして運動会《うんどうかい》のリーダーを引《ひ》き受《う》けることにしましたか。

6. 営業部《えいぎょうぶ》の後輩《こうはい》たちは、運動会《うんどうかい》の練習《れんしゅう》について、どのように思っていますか。

考えましょう

1. Aさんのこれまでの言動《げんどう》に問題があったと思いますか。あったとしたら、それはどんな問題ですか。

2. Aさん以外の人（C課長《かちょう》、Bさん、後輩《こうはい》たち）の言動《げんどう》に問題があったと思いますか。あったとしたら、それはどんな問題ですか。

3. あなたは、「運動会《うんどうかい》」や「社員旅行《しゃいん》」、「飲み会」などの職場《しょくば》のイベントは必要《ひつよう》だと思いますか。それはどうしてですか。また、自分はこのようなイベントに積極的《せっきょくてき》に参加《さんか》したいと思いますか。それはどうしてですか。

4. もしあなたが職場《しょくば》の人間関係《にんげんかんけい》をよくしたいと思ったら、どんなことをしますか。

5. Aさんは、これからどうしたらいいと思いますか。

ケース

40 友だち申請《しんせい》が断《ことわ》れなくて

登場人物《とうじょうじんぶつ》

会社員のＡさん
Ａさんの上司《じょうし》のＢ課長《かちょう》

Ａさんは、食品《しょくひん》メーカーに勤務《きんむ》する入社《にゅうしゃ》2年目の会社員です。部署《ぶしょ》は総務部《そうむぶ》で残業《ざんぎょう》もあり、忙《いそが》しい毎日を送っています。そんなＡさんのストレス解消法《かいしょうほう》は、SNSを通して学生時代の友人《ゆうじん》たちとコミュニケーションをすることです。お互《たが》い違《ちが》う道に進《すす》んで会う機会《きかい》が少なくなっても、このSNSというツールでつながることができます。仕事で疲《つか》れて家に帰ってきても、友人《ゆうじん》たちのアップロードしている記事《きじ》や写真を見るとリラックスした気持ちになるのでした。

4月に人事異動《じんじいどう》[1]があり、営業部《えいぎょうぶ》から新しくＢ課長《かちょう》が着任《ちゃくにん》しました。Ｂ課長《かちょう》は40代で、元気で明るい人です。着任《ちゃくにん》のあいさつでも、「何でも話せる明るい職場《しょくば》にしたいと思います」と言っていました。今まで営業畑《えいぎょうばたけ》[2]でやってきた人で、総務《そうむ》の仕事を覚《おぼ》えるために遅《おそ》くまで残業《ざんぎょう》をしています。また、職場《しょくば》に早くなじもうと、ランチタイムのときなども部下《ぶか》に気軽《きがる》に話しかけていました。

日曜日、ＡさんがSNSで友人《ゆうじん》の記事《きじ》を読んでいると、友だち申請《しんせい》が来ました。見ると、それはＢ課長《かちょう》でした。Ａさんは実名《じつめい》[3]でSNSをやっていたので、それで見つけられてしまったようです。SNSでは、プライベートでも仲《なか》のいい同期《どうき》の5人以外、会社の人とはつながっていません。Ａさんはいろいろプライベートなことを書いているので、Ｂ課長《かちょう》にそれを読まれたら……と思うと心配になりました。Ｂ課長《かちょう》の友だち申請《しんせい》に対《たい》してどうしていいかわからず、その日はそのまま見なかったふりをしてコンピュータを閉《と》じてしまいました。

それから2週間ほど経《た》ちました。ある朝、エレベーターを待っていると、B課長《かちょう》が「おはよう」と声《こえ》をかけてきました。他《ほか》の社員《しゃいん》はまだあまり出勤《しゅっきん》しておらず、エレベーターに乗《の》ったのもB課長《かちょう》と二人きりでした。エレベーターの中で、B課長《かちょう》が「この間、SNSでAさんを見つけて、友だち申請《しんせい》をしたんだけど」と切《き》り出《だ》しました。Aさんはとっさに「あ、私しばらく忙《いそが》しくて、SNSを見ていなくて……」と言ってしまいました。

B課長《かちょう》「そうか。じゃあ、よかったら承認《しょうにん》してよ」

Aさん「あ、はい……」

B課長《かちょう》は、若《わか》い人がSNSを使っているので自分も使ってみようと思って始めた、と言っていました。「課長《かちょう》としては、若《わか》い人の気持ちも知っておかないとね。それにSNSがあると、課《か》のみんなでイベントを企画《きかく》するときなんか、便利《べんり》じゃない？」 B課長《かちょう》にそう言われて、結局《けっきょく》、断《ことわ》れずにAさんは友だち申請《しんせい》を承認《しょうにん》してしまいました。

あるときAさんは、学生時代の友人《ゆうじん》と遊《あそ》びに行ったところで撮《と》った写真をメッセージとともにアップロードしました。その後《ご》しばらくして、B課長《かちょう》がその記事《きじ》に「いいね！」をつけているのに気《き》がつきました。ちょっとくだらないコメントも書いていたので恥《は》ずかしくなってしまいました。その後《ご》も、Aさんがアップロードすると、B課長《かちょう》が「いいね！」をつけたり、時にはコメントを残《のこ》すこともあります。Aさんは、なんだか上司《じょうし》にプライベートも監視《かんし》されているような気持ちになってきました。そう考えると、だんだんSNSに近況《きんきょう》を書いたり、写真をアップロードするのがゆううつになってきました。

最近《さいきん》は、公開制限《こうかいせいげん》[4]をかけて投稿《とうこう》しているのですが、それがB課長《かちょう》にわかってしまうのではないかと不安です。そう考えると、AさんはSNSを前のようには楽しめなくなってしまいました。でも、これをやめてしまうと学生時代の友人《ゆうじん》との交流《こうりゅう》もしにくくなってしまいます。Aさんは、どうしたらいいか悩《なや》んでいます。

1 人事異動《じんじいどう》：会社などで、仕事をする部《ぶ》や課《か》が変《か》わったり、役職《やくしょく》が変《か》わったりすること。

2 営業畑《えいぎょうばたけ》：営業《えいぎょう》の分野《ぶんや》。

3 実名《じつめい》：本当の名前。

4 公開制限《こうかいせいげん》：SNSなどで、記事《きじ》を見せる人と見せない人を分けること。

質問

1. Aさんは、SNSをどんなことに利用《りよう》していましたか。

2. B課長《かちょう》は、どういう人ですか。

3. AさんとB課長《かちょう》がSNSで「友だち」になったあと、どんなことがありましたか。それについて、Aさんはどう思っていますか。

4. Aさんが、悩《なや》んでいることは何ですか。

考えましょう

1. SNSのコミュニケーションのいいところと悪いところは何だと思いますか。

2. あなたは、あまりSNSでつながりたくない人から友だち申請《しんせい》をもらったことがありますか。そのとき、どうしましたか。

3. B課長《かちょう》の言動《げんどう》について、どう思いますか。

4. Aさんの言動《げんどう》に問題がありましたか。あったとしたら、それはどんな問題ですか。Aさんは、どのように行動《こうどう》するべきだったと思いますか。

5. Aさんは、これからどうしたらいいと思いますか。あなたがAさんの立場《たちば》だったら、どうしますか。

6. あなたは、SNSのコミュニケーションで、トラブルにあったことがありますか。どうしてトラブルが起きたと思いますか。

参考資料：日本経済新聞 西部夕刊 社会面　2012年9月20日

各ケースの解説

第1章　暮らし

ケース01「上下関係」

留学生のAさんは、アパートの上階の住人が出す騒音に悩まされ、大家さんに相談します。しかし、問題は解決できずに、上階の住人に直接苦情を言うべきかどうか悩んでいます。

このケースを通し、良好な関係を維持したい相手に苦情を言うべきか否か、言うとしたらどのように言ったらいいのかを考えることができます。また、何が騒音になり得るかは人によって異なることに気づき、自分が気になることでも他人は全く気づいていない可能性があり、その反対に、自分が気にならないことでも他人にとっては大きな問題となる可能性があることを考えるきっかけにもなるでしょう。ここから、自分の生活習慣が他人の迷惑になっていないかを振り返ることも期待できるでしょう。

学習者のレベルによっては、ケース中の「大家さん」という言葉が日本人の姓ではなく、アパートのオーナーの意味であることを確認してから行ってください。

ケース02「どうして掃除してくれないの？」

留学生のAさんは、寮のルームメイトがまったく掃除をしてくれないので、困っています。ルームメイトのBさんに直接、掃除や片づけをしてほしいと言いましたが、その後も掃除や片づけをしようとしません。文句を言うと、Bさんの機嫌が悪くなるので、毎日狭い部屋で顔を合わせるのも辛く、なかなか言うことができません。Aさんはこのまま我慢を続けるしかないのでしょうか。

Aさんのようにアパートや寮でルームシェアをする留学生は少なくないでしょう。このケースを通して、なぜこのような問題が起こるのかを考え、また、どうすればこのような問題を解決することができるのか、アイディアを出し合いましょう。さらに、ケース01と同じように自分の生活習慣が他人の迷惑になっていないかを振り返ることもできるでしょう。

ケース03「アパートの大家さんとのトラブル」

来日したばかりのAさんがホームシックになったときに、声をかけてくれたのはアパートの大家さんでした。Aさんは大家さんとお茶を飲んだり、ご飯を食べたりして、親しくしていましたが、アルバイトを始め、同年代の友だちができると、年配の大家さんと付き合うのが面倒になってしまいます。そこで、大家さんと会うのを避けていると、ある日、アパートを出て行って欲しいという手紙が郵便ポストに入っていました。

国の家族や友人と離れ、寂しさを抱えながら生活する留学生は大勢いるでしょう。生活が忙しくなって、大家さんと付き合う時間がなくなったからといって、Aさんのような行動が許されるかどうかというのが論点となります。Aさんの行動は正しくなかったと考える留学生は多いと思いますが、現実的にはAさんと同じような行動を取ってしまうだろうと考える留学生も多いのではないでしょうか。国や世代を越えた人間関係や人間関係を成り立たせているものは何かという問題へと発展させていくことも可能です。

ケース 04 「期待はずれのホームステイ」

留学生のＡさんは、ホームステイの契約を打ち切りたいと考えています。しかし、仲良くなったホストマザーから親しみと信頼感を示す言葉をかけられるようになり、なかなか言い出せなくなってしまいました。

このケースでは、Ａさんの悩みの実態は何かを明らかにし、解決策を検討します。まず、Ａさんの現在の状況を客観的に捉えます。そして、住環境に関する留学生活の実体験や悩みを共有した上で、Ａさんの悩みの実態は何かを検討し、自分ならどう助言するかを考えます。Ａさんのホームステイに対する期待には、強いステレオタイプが見られる上、人間関係に対するものの見方も、自分本位な様子が目立ちます。一方で、ホストマザーとの人間関係は、６か月間のＡさんの努力が実を結び始めています。これらのことを通して、文化観や人間関係作りを考えるきっかけとなるでしょう。さらに、Ａさんにとっての優先事項を整理し、今後どうするべきかを検討していきます。

ケース 05 「おせっかいな伯母さん」

交換留学生として来日したＡさんは、親戚の家に住むことになりました。しかし、住み始めてみると、伯母さんがお箸の持ち方から服装に至るまでうるさく注意してきます。ある日、自分の部屋を勝手に片づけられ、机の中まで見られたＡさんの怒りはついに爆発してしまいました。

何をプライバシーの侵害と感じるかは、人によって異なります。Ａさんの怒りや不満に共感できるか、伯母さんの言動をどう思うのかといったことについて話すことは、プライバシーに関する他者の感じ方や考え方を知る機会となるでしょう。また、Ａさんがプライバシーを侵害していると感じている伯母さんの、保護者や管理者としての立場を理解する機会にもなるでしょう。このような話し合いを通じて、自分が他人のプライバシーを侵害している可能性はないか、また、このような場合にどうやって問題を解決し、自分にとって居心地のいい住空間を作ることができるのかを考えます。

ケース 06 「引っ越ししたいけれど」

大学院の留学生のＡさんは、奥さんの収入もあり、経済的に余裕が出てきたので、少し広い部屋に引っ越したいと考えました。それで不動産屋へ行き、気に入った物件を見つけました。契約の直前まで話が進みましたが、Ａさんを見下したような不動産屋の態度に我慢できず、引っ越しをやめました。外国人であるＡさんに対して、信用できる借り手かどうか確かめようとする不動産屋と、それに怒りを表すＡさん、一方で冷静な奥さん、この三者の言動をめぐって、話し合いを進めます。

不動産屋の言動をどう捉えるか、Ａさんの怒りに共感できるか、このような場面で自分だったら、どのように振る舞うか、不動産屋に対して具体的にどのように対処するか、等を話し合い、検討し、暮らしの中で日常的に生じる人と人との摩擦を、多角的な視点で捉え、いかに行動するかを考えます。

ケース 07 「バーベキューはダメ？」

留学生のＡさんは、公園で国の友だちとバーベキューをしていたとき、近所の男性から非常識だと怒られ、やめるように言われてしまいました。はっきり「禁止」と書かれていなくても、公園ではバーベキューをしないのが常識だと言われたら、それに従うべきなのか、Ａさんは悩んでいます。

明文化されていないルールなどを知らなかったことから問題が発生するのはよくあることです。異文化の中で生活する留学生であれば、そのような問題に直面する機会も多いでしょう。このような「暗黙のルール」には、どのようなものがあるのでしょうか。自分の気づきをクラスメートと共有することができるでしょう。また、単純に「郷に入っては郷に従え」で終わらせず、「暗黙のルール」や「常識」というものについて自分はどう考えているのか、改めて考えてみるといいでしょう。

〈参考〉日本では公園のバーベキューに関する法律はなく、各自治体など公園の管理者が決めています（2016年現在）。

ケース 08 「とりあえず謝る？」

大学生のＡくんは、自分に責任がないのに自分の方が謝ってしまうことが続いて不満を感じていますが、彼女からは「それは謝るあなたの方が悪い」と言われてしまいました。

トラブル回避のため、自分が悪くなくても謝るという方策を支持するかどうかは、意見の分かれるところでしょう。また、日本語の「すみません」という表現の持つ役割が、各国語に訳したときの印象とやや異なる場合があります。「すみません」の使い方や母語との比較などに発展させることもできます。

第2章 友だち

ケース 09 「親友がほしい」

留学生のＡさんは、日本の文化を経験できると期待してホームステイを選びましたが、ホームステイ先の家族とのコミュニケーションを物足りなく思い、ホームステイをやめてしまいました。日本人の友だちを作りたくて入ったサークルにも満足できず、結局あまり参加しなくなってしまいました。最近では授業以外ではひきこもりがちになってしまっています。

「日本人の友人を作りたい」というのは、日本に来る留学生の多くが望んでいることでしょう。しかし、なかなかうまくいかないことも多いものです。このケースでは、なぜうまくいかなかったのか、どのような対処法があるかを考えることになります。そこから、友だちとは何か、そもそも友だちや親友は「作る」ものなのか、という方向に発展させることもできるでしょう。

ケース 10 「私っておとなしいの？」

修士課程に在籍する留学生のＡさんは、母国の友人や留学生の間では、明るい人気者ですが、日本人の中にいると、思うような自己表現ができないと悩んでいます。日本人のグループからは、おとなしい人、というイメージが定着しつつあり、それを払拭《ふっしょく》したいと考えながらも、できずに悶々《もんもん》としています。

母語でも外国語でも、相手との力関係や自分の状態によって、人間関係が変わるということや、いったん定着した関係性を変えることの難しさは、多くの人が体験していることだと思います。このケースをとおし、自分が心地よい人間関係にするために、どのように他者へ働きかければいいかを考えます。同時に、Ａさんの周囲にいる人の立場で考え、黙っている人への配慮について議論することもできるでしょう。

Ａさんの日本語力が初級終了程度であるというケースの記述から、「日本語を勉強すればいい」という結論に向かってしまう可能性もあります。その場合には、たとえ母語話者であっても、このような状況になり得ることを述べ、人間関係の機微に目を向けるようにするといいでしょう。

ケース 11 「同国人との付き合い」

留学生のＡさんは、大学に入ったら日本人の友だちがたくさんできて、日本語も上達するだろうと思って、とても楽しみにしていました。ところが、大学の授業は学生の人数がとても多くて、なかなか友だちができないし、サークルはアルバイトで参加できないことも多く、結局やめてしまいました。一方、同国人の留学生の友だちがどんどん増えて、しょっちゅういっしょに過ごすようになりました。同国人の友だちとは言語の問題もなく、安心して付き合うことができます。しかし、せっかく日本に留学しているのですから日本人の友だちとも付き合いたいと思いますが、Ａさんはどうしたらいいかわかりません。

この悩みに対して、まず、同国人との付き合いはよくないのか、あるいは、なぜ、何のために日本人の友だちがほしいのか、という問いをめぐって話すことになるでしょう。そして、論点は次第に、「友だちってなんだろう」ということになっていきます。人とどのようにして関係性を作り、そして友だちとなるのか、がわかってきたら、問題発見と解決の道は自ずと開かれていくでしょう。

ケース 12 「愚痴ばかり言う友だち」

同じ大学に通うＡさんとＢさんは大学入学前からの友だちですが、Ｂさんは滑り止めでその大学に入ったので、いつもＡさんに愚痴を言っていました。Ａさんはだんだんそれを聞くのが嫌になってＢさんを避けるようになりましたが、そのような態度のＢさんは仲間からも孤立していきました。ＡさんはこれからどのようにＢさんに接すればよいか悩んでいます。

このケースは留学生だけではなく、誰にでも起こり得る問題です。長く続いている相手との関係が嫌になったとき、どのように相手に接するかは人によって様々です。関係を維持するのか否か、そのためにどのような行動を取るのかなど、いろいろな人の考えを知り、問題解決の方法を考える機会となるでしょう。また、人間関係に必要なことは何か、自分自身はどう見られているかなど、論点を深めていくことも可能です。

ケース 13 「私の何が悪かったの？」

留学生のＡさんは、留学先である日本で高校時代の友人のＢさんと再会しました。Ａさんは少し前に来日したＢさんにいろいろと教えてもらったり、遊びに行ったりして、楽しい時間をいっしょに過ごしました。しかし、半年後、Ｂさんは、忙しくなり、Ａさんといっしょに過ごす時間も減って、メールや電話もなかなか返事がもらえないことが続くようになりました。Ａさんは、Ｂさんに避けられているのではないかと悩み、原因を探ってみますが、思い当たらず、悶々《もんもん》と日々を送っています。

このケースを通し、友人との距離の取り方や依存ということについて議論したり、自分自身のことを振り返ったりすることができます。また、友人の立場や状況を想像してみることで、一方的な思い込みの可能性についても考え、バランスのよい人間関係を保つために何が必要か、考えるきっかけともなるでしょう。

ケース 14 「あなたのためを思って忠告したのに……」

会社員のＡさんは、親友のＣさんが、同期入社のＢくんと付き合い始めたと知ります。しかし、Ｂくんには婚約者がいます。Ａさんは親友を心配して、ＢくんとＣさん双方に別れるように忠告しますが、いずれも耳を貸しません。遂には、Ｃさんを怒らせてしまい、今では、顔を合わせても、挨拶すらしてくれなくなってしまいました。しかし、Ａさんは、腹を立てて離れていったＣさんと何とか関係を修復したいと思っています。

このケースでは、親友など、親しい人への忠告の難しさについて実体験を共有した上で、人間関係のもつれやこじれを修復するには、どうしたらよいかを考えます。この三人の関係性を十分に把握した上で、Ａさんの忠告をめぐる一連の言動とそれに対するＢくんとＣさんの反応を検討し、Ａさんはどうするべきだったのか、今後どうしたらいいかを話し合いましょう。

ケース15「男同士の友情と彼女」

Ａくん、Ｂさん、Ｃくんの３人は、とても仲のいい友だちでした。ＡくんはＢさんのことが好きでしたが、ＢさんとＣくんが付き合い始めたので、その気持ちを一度は諦めました。しかし、最近ＢさんとＣくんが別れたことを知り、Ａくんは男の友情と彼女への気持ちに揺れています。

友だちの彼女を好きなことは男同士の友情への裏切りなのか、友だちの元の彼女と付き合うことはいけないことなのか、友だちに対する誠意ある行動とは、親友とは、彼女への誠意とは、などを論点に話し合うといいでしょう。

各自が、これまでの友だちとの関係性を振り返りながら、友だちの気持ち、彼女の気持ち、そしてＡくんの気持ち、について想像して話し合うことで、人の感じ方や関係の築き方の多様性に気づくことができるでしょう。

ケース16「友だちとの旅行」

Ａくん、Ｂくん、Ｃくんの三人は、10年来の親友です。三人は、Ｃくんの奥さんとＡくんの幼なじみのＤさんを誘って、五人で旅行に出かけます。行きの電車の中で、みんなで使うお金を集めて、Ｄさんが管理することになりました。集めたお金が底を突き、Ｄさんが新たにお金を集めようとしたところで事件が発生します。Ｂくん、Ｃくん、Ｃくんの奥さんが、前に集めたお金がまだ余っているはずだと言うのです。疑われたＤさんは泣き出してしまいます。Ｄさんのことを全面的に信用しているＡくんは、怒りが込み上げ、啖呵《たんか》を切って部屋を飛び出し、残りの旅行は台無しになってしまいます。

楽しいはずの友だちとの旅行がちょっとしたトラブルによって台無しになってしまいます。それどころか、親友たちと絶交してしまいます。このトラブルにはお金が関係していますが、どうしたらこのようなトラブルを防ぐことができたでしょうか。また、友だちとこのような口論をしてしまったあとで、どうしたら関係を修復することができるでしょうか。このようなことを考えるだけではなく、友だちとは、親友とは何であるか、まで広げて考えてみてもいいでしょう。

第3章　アルバイト

ケース 17 「お客様は神様？」

留学生のＡさんは居酒屋でアルバイトをしています。ある日、お客さんとの間で行き違いが生じてしまいましたが、先輩から、自分が悪くない場合でもとりあえず謝るように言われ、納得できずにいます。

接客業でこのような経験のある人は多いと思います。とはいえ、自分に非がないのに謝罪することに抵抗がある人も多いでしょう。接客業にはどこまで要求されるのか、どこまでするべきなのか、それぞれの考えを出し合ってみましょう。また、ケース08とも重なりますが、仕事に限らず一般的に「悪くないのに謝る」ことについて考えるという方向に発展させることも可能です。

ケース 18 「会社の予算を超えちゃった」

留学生のＡさんは、ときどき、ある会社で単発のアルバイトをしています。ある日、ＡさんはＡさんの国から来た学生を空港まで迎えに行き、食事をしてからホテルまで送り届けるアルバイトをすることになりました。食事のとき、Ａさんは会社のイメージを悪くしてはいけないと思い、「好きなお店を選んでください」と言ってしまいました。すると学生は高い店を選び、その結果、会社から言われていた食事代の予算を超えてしまいました。Ａさんは、会社に何も言わずに、予算を超えてしまった分を自分で負担するか、あるいは、会社に請求するかで悩んでいます。

アルバイトで会社の指示を守れなかったＡさんは、自分でお金を負担するという形で問題に対処するのか、あるいは、会社に正直に説明するべきかで悩んでいます。自分のよいイメージを維持するために自分でお金を負担した方がいいと考える人、自分の失敗の責任を取って、お金を負担するべきだと考える人、正直に会社に報告をするべきだと考える人がいるかと思います。どうすればこのような問題を未然に防げたのかということだけでなく、仕事における責任、責任の取り方、アルバイト先との信頼関係や仕事において自分が大切にしていることなどについて考える機会になるでしょう。

ケース 19 「もらえなかったアルバイト代」

交換留学生のＡさんは冬休みにアルバイトをすることにしました。しかし、働いた経験がなかったこともあり、二日働いたら、すっかり疲れてしまい、三日目は休みたいと思いました。そこで、仮病を使って休もうとしますが、会社の人がとても困っている様子だったので、思い直して三日目も仕事に行くことにしました。しかし、その日は本来の仕事ではなく、事務所の掃除をしてほしいと言われ、本来の仕事よりもずっと楽な仕事が与えられました。１か月後、アルバイトの給料が支払われましたが、三日目の給料は入っていませんでした。Ａさんは三日目の給料を請求しようかどうしようか悩んでいます。

このような状況で三日目の給料を請求するのが妥当かどうか、判断が分かれるかと思います。また、会社の立場に立って、なぜ三日目の給料を支払わなかったのかを考えてみることもできます。仕事をするにあたって大切なこと、仕事の責任などについて考える機会にもなるでしょう。

ケース 20「誘いを断っても大丈夫？」

Ａさんは、小さなカフェでアルバイトをしていて、このアルバイトをとても気に入っています。しかし、最近、カフェのオーナーに、頻繁に夕食に誘われたり、「もっと短いスカートはいて来てよ」などと言われたりして戸惑っています。オーナーの言動は嫌なのですが、このカフェをやめたくないので、Ａさんは悩んでいます。

気が進まないまま誘われて食事に行ったりすることは、みな経験があるでしょう。しかし、それが毎回のことになり、しかもアルバイト先のオーナーだったら断れるか、ということが焦点になります。そして、この点を考えるときには、オーナーの言動の背景も検討されます。オーナーには悪意や下心があるのか、Ａさんの言動には問題はなかったのか、なども話し合うといいでしょう。Ａさんとオーナーの言動の様々な要因や可能性を検討して、そのあとに、どのように行動したらこの問題を解決できるのかを話し合うといいでしょう。また、話し合いは自ずとセクシャル・ハラスメントのことに及ぶでしょう。どこまでが許されて、どこからがセクシャル・ハラスメントにあたるのか、人によって考え方や感じ方が異なるはずです。この感じ方の違いを認識することも、このケースの話し合いの重要な部分になります。

ケース 21「アルバイトの先輩が……どうしよう！」

大学生のＡさんがアルバイトをしているレストランには、とても仕事のできる先輩Ｂさんがいます。ある日、ＡさんはＢさんが店の食材を持ち帰ろうとしている現場を見てしまいました。Ｂさんは店長の許可があると言い、Ａさんにもそれを持ち帰るように言いました。Ａさんは不審に思いつつ、その日以来ＢさんがＡさんを優遇してくれるようになったことが嬉しくてそのままにしていました。その後、食材の在庫数が合わないという問題が起こりましたが、Ｂさんは知らぬふりをしています。

実際にこのようなケースを経験することは少ないはずですが、もし身近にこのような事件が起こった場合、どのように行動すべきかを考えるとともに、自分は本当にそのように行動できるのか想像してみましょう。また、Ｂさんや店長の立場とその経緯について考えることで、事件を防ぐ可能性についても話し合うことができます。

第4章　大学生活

ケース22「大学って何をするところ？」

留学生のAさんは、数年の社会人経験を経て、勉学を志し、日本の大学に留学しました。しかし、日本の大学は、Aさんが期待していたようなところではありませんでした。一方的な講義や勉強意欲の薄い同級生に囲まれ、不満が募ります。友人に相談しても、「大学は自分次第」というような答えで、Aさんは納得できないでいます。

このケースを通して、大学のあるべき姿や意義について、議論することができます。また、「学ぶ」ということはどういうことかについても考えることができます。さらに、知識注入型学習と参加型学習、受け身の学習と主体的な学習、ということについて考えを深めることができます。それらを通し、学びの可能性や方法の多様性についても考えることができるでしょう。

ケース23「クラス発表の準備」

大学生のAさんは、クラスメートのBさんと組んで、環境学の授業の発表をすることになりました。Bさんと仲良くなりたいと思っていたAさんは、はじめは喜んでいましたが、いつになっても準備にとりかかろうとしないBさんに、不安に思いつつも、遠慮して何も言えずにいました。Aさんの働きかけで、ようやく自習室で準備をすることになりましたが、Bさんは、なかなか自習室に現れませんでした。Aさんは、2時間後にやっと現れたBさんについに怒りをぶつけてしまいます。

このケースでは、性格の異なる相手と共同作業を行う場合、相手に対してどのように考え、どうアプローチするべきかを考えることができます。また、自身の今までの経験を振り返り、話し合うことによって、問題点への気づきを促すこともできるでしょう。さらに、Aさんの立場からだけでなく、Bさんの立場に立って行動を振り返ることもでき、それによって、相手に対する思い込みについても考えることができるでしょう。

ケース24「グループワークで話してくれない人」

留学生のAさんは、クラスのグループワークで発言しない人がいるため雰囲気が悪くなることを気にしています。発言を促してもあまり効果がなく、グループの他のメンバーも、あまり積極的に働きかけようという様子はありません。

グループ活動がうまくいかなかった経験は多くの人が持っているでしょう。それぞれの経験や、どう対処したかを共有し、このケースではなぜうまくいかなかったのか、色々な可能性を考えてみましょう。どのような場合にどのような対処法が可能か考えてみることで、実際の授業のグループ活動に生かすこともできるでしょう。

ケース25 「苦しい選択：安全な道とリスキーな道」

Ａさんは、来日し、一流のＹ大学大学院を目指して日々努力しています。先日、Ｙ大学の教授にも会うことができたのですが、教授には日本語力の不足を理由に、修士課程に入る前に１年間研究生をするように勧められました。一方、Ａさんは、滑り止めとして受験したＺ大学の大学院に合格し、第一志望のＹ大学の大学院に研究生として進学するか否かで悩んでいます。

このケースでは、判断基準が論点になります。Ａさんは強い上昇志向と計画性も自律性もあるようですが、両親の言動、経済状態、第一志望のＹ大学の教授の助言など、複数の外的要因がＡさんを迷わせています。Ａさんを取り巻く要因と迷いの関係性に気づけば、判断基準として何を重視すべきかの観点が明確になっていくでしょう。また、このケースでは、大学院で学ぶとはどのようなことか考えることも重要です。

ケース26 「研究計画」

大学院留学生のＡさんは、大学院入学後、半年たった今になって、指導教員のＢ先生から、研究テーマの変更を迫られ、悩んでいます。

まず、Ａさんの目標設定やこれまでの努力を理解した上で、このケースの問題点を考えます。論点は、指導教員からの自分の意図にそぐわない研究指導に対する問題解決の考え方です。Ａさんは、興味の持てない研究テーマへの変更を拒みながら、引き続きＢ先生の下で学ぶことを望んでいます。しかし、Ｂ先生は、現在の研究計画では指導できないと拒否します。一方で、Ｃさんは、先生からの研究テーマの提案はむしろ好機だとＡさんに助言します。それぞれの言動を客観的に捉え、ＡさんがＢ先生の提案に従わなかった場合と従った場合のメリットとデメリットを考え、Ａさんの立場になったとき、自分はどうするかを考えます。その際、研究室に所属して研究を行う意味も取り上げられるといいでしょう。話し合いの過程では、アカデミック・ハラスメントの問題が上がってくることも考えられます。

ケース27 「メールに返事をくれない先生」

文系大学院の留学生Ａさんは、所属している研究室の教授にメールを何回送っても返事をもらえないことに悩んでいなす。メールは、研究についての相談を添えた面談予約の依頼です。しかし、返事をもらう前に先生に会い、送ったメールについて確認し、その場で先生の助言をもらうということが繰り返されるうちに、Ａさんはメールへの返事を何度も催促するのは失礼なのではないかと心配するようになりました。最近は、直接聞くこともできないままになっています。また、Ｂ先生がどうして自分にメールの返事をくれないのかも気になっています。

このケースでは、まず、それぞれの母国・他国・日本で、メールでのやりとりで体験してきた様々なトラブルを共有します。次に、このケースのトラブルの原因はどこにあるのかを検討します。論点は、メールでのコミュニケーションの問題に止まらず、目上の人とのコミュニケーション、忙しい人とのコミュニケーション、外国語でのコミュニケーションなど、になるでしょう。相手・コミュニケーション手段・内容などによって異なる、問題発見への想像力を養うことができます。

ケース 28 「時間がもったいない」

理系大学院の留学生Ａさんは同じ研究室の友人Ｂさんと一緒に修士論文のための実験をしています。実験データは大学の分析センターで専門家に分析を依頼しています。分析センターの担当者が研究室ＯＢのＣさんであることから、Ｂさんはいつも分析が終わるまで帰ろうとしません。Ａさんは何もせずに待っている時間がもったいないと感じ、Ｂさんの本意が理解できずに口論になってしまいます。

一般的に理工系の大学生・大学院生は、研究のために昼夜を問わず泊まり込みで実験をするという環境に置かれています。そのため、研究室での人間関係には固有の慣習があります。このケースでは、外部から来たＡさんと、その慣習を当然だと考えるＢさん双方の立場から考える必要があります。互いの考えや意見を理解するためには、どのようなコミュニケーションが大切なのかを考えてみましょう。また、先輩・後輩などの上下関係についての話し合いに発展させることもできます。

ケース 29 「研究か、恋愛か」

留学生のＡさんは、博士課程に在籍しています。尊敬する指導教員のＢ先生にも認められ、日夜研究に励んでいます。Ａさんには、恋人のＣさんがいます。二人は、昨年日本で出会い、楽しくいっしょの時間を過ごしていましたが、Ｃさんが帰国してしまい、遠距離恋愛を続けています。Ａさんは、夏休みにＣさんの国に行く計画を立て、航空券を予約しました。それをＢ先生に伝えると、あまりいい顔をしません。Ｃさんに行けなくなるかもしれないと伝えると、Ｃさんはがっかりしてしまいました。Ａさんは、Ｂ先生とＣさんの間で、板挟みになり、悩んでいます。

二つかそれ以上のことを同時にかかえ、何を最初にすべきか選ぶということは、誰しも経験のあることと思います。このケースを通して、仕事や学業とプライベート、人間関係などにおいて、優先順位をどのようにつけるのか、ということについて考えることができます。そこから、多様な価値観への気づきもあるかもしれません。

ケース 30 「私はマネージャーじゃない！」

新入部員としてテニスサークルに入部したＡさんはサークル内唯一の女性部員です。部長のＢさんは事務的な仕事をＡさんに任せていましたが、次第に部員たちも、まるでＡさんがマネージャーであるかのように合宿の予約や買い物を頼むようになりました。初めはみんなのために喜んで仕事をしていましたが、アルバイトや勉強で忙しかったＡさんはとうとう体調を崩し、退会してしまいました。

Ａさんのように頼まれたら断りにくい状況において、どのように対処すればよいかを話し合います。もし断るとしたら、どのような言い方や態度がよいのか、断らないとしてもＡさんのように体調を崩さないためにはどうすればよいのか、その条件や対応の仕方などを考えましょう。また、Ａさんや部長、部員たちの状況について考えるとともに、自分は何か頼むときや頼まれたときにどうするか、自身の性格や経験を振り返ることもできます。

ケース 31 「インターナショナル・フェスティバル」

留学生のＡさんは、同じ寮の仲間といっしょにインターナショナル・フェスティバルで、ある料理を作ることになり、その企画のリーダーとなりました。その料理を作るためには特別なソースが必要です。Ａさんと同じ国から来たＢさんが、半値で買える店を知っているということだったので、Ｂさんに調達を任せることにしました。しかし、フェスティバルの前日、Ｂさんが持ってきたのは、Ａさんが考えていたのとは違うソースでした。店に問い合わせても、在庫がなく、必要な数がそろいません。料理を変更しようにも、料理の名前入りの宣伝チラシはもう準備してしまっています。Ａさんは、どのような決断をすべきか、岐路に立っています。

このケースでは、危機管理、トラブル対応、リーダーシップということについて考えることができます。このような事態を回避するためには、どうすべきであったのか、ということを検討し、危機管理では何が必要なのかについて考えることができるでしょう。トラブルが起こってしまった場合には、それをどのように解決していくかを模索していくこともできます。また、「リーダー」はどうあるべきかについて考えることもできます。さらに、自分自身が迷惑をかけてしまったり、かけられたりした場合の言動についても、考えることができるでしょう。

ケース 32 「年齢はそんなに重要？」

来日したばかりの留学生Ａさんは大学の柔道部に入部し、新入部員としてほかの部員たちといっしょに練習後の掃除や洗濯などをしていました。しかし、実はＡさんが大学院生で、ほかの部員より年齢が上だったということを知ると、仲のよかったＢさんを始め、今まで気楽に付き合っていた部員たちが急にＡさんを先輩として扱うようになり、Ａさんはみんなの態度に疎外感を感じるようになってしまいます。

このケースでは、年齢によって相手の言葉遣いや態度が変わったことに戸惑うＡさんと、大学運動部特有の上下関係の中にいるＢさんたち部員の互いの状況を理解する必要があります。その上で、人間関係における年齢の違いをどう捉えるかについて話し合いましょう。上下関係があることの利点と弊害や、敬語に関する話し合いに発展させることも可能です。

ケース33「剣道部の部長になったけれど……」

大学生のＡさんは、剣道部の部長に抜擢されましたが、同級生Ｃさんの反発を受けています。それが、徐々に部の運営にも支障をきたすようになり、悩んでいます。

このケースの論点は、運動部という実力主義の場における部長の役割と条件です。まず、Ａさんが部長に推挙された状況を理解し、Ｃさんがそれに不満を抱く理由を考えます。次に、前部長のＢさんが、新部長に、技術が劣るＡさんを選び、剣道が一番強いＣさんを選ばなかった理由を話し合います。ケースに書かれた言動から、Ｃさんのどんなところが、部長として資質を欠くと判断されたのか気づきを得ることができます。そうすれば、ＡさんがＣさんに部長を譲ることで、部の運営が改善するのかについても、さまざまな意見が出てくるでしょう。

このケースでは、リーダーの経験や様々なリーダーの下で活動した経験の共有を通して、リーダーが抱える困難や問題解決に必要な力を話し合い、リーダーの役割について考えることができます。

ケース34「私、彼氏いるんですけど……」

交換留学生のＡさんは、サークルの友だちであるＢくんが、お酒を飲むと言い寄ってくることに悩まされています。Ａさんには国に８年間付き合っている彼氏がおり、それをはっきり言っても効果がありません。その場の雰囲気を壊したくなくてあまり強く言えなかったＡさんですが、サークルの飲み会に行くのは気が進まないと思うようになってしまいました。

このケースでは恋愛やグループ内の人間関係の問題や、お酒の席でのマナーの問題について話し合うことができます。登場人物それぞれの行動の背景を考え、どう対処すれば効果があるかを話し合ってみましょう。また、酒の席での経験や好きではない人に告白された経験などについて、各自の経験を話し合ってみることもできます。

第5章　将来と仕事

ケース35「どこで就職する？」

大学院生のＡさんは日本でインターンシップをし、その経験からぜひ日本で就職をしたいと考えるようになりましたが、国にいる父親から帰国して日系企業で働くように言われてしまいました。日系企業での仕事は大学院での専門性を活かすことができないので、Ａさんは帰国したくありません。その一方で、親を大切にする気持ちも強く、悩んでいます。

留学生なら必ず考える帰国のタイミングと、働くことの意義について自分自身は今どう考えるかが、このケースの論点となります。学生なら卒業後の人生について考えるきっかけとなるでしょう。また、社会人なら仕事のやりがいについて再考する機会となるでしょう。さらに、家族や自分に近い人間との関係性をどう捉えるかについても議論を発展させることができます。

ケース36「人生の岐路」

大学生のＡさんは就職活動をしています。両親が住む大阪では父親のコネで、ある会社から内定をもらいましたが、恋人のＢくんがいる東京ではなかなか内定がもらえません。Ａさんは、将来Ｂくんと結婚したいと思っていますし、大阪の会社での仕事内容は希望するものではないので、内心、大阪へはあまり行きたくないと思っています。しかし、Ｂくんが将来について何も言ってくれないので、ＡさんはＢくんに対して腹を立てています。

Ａさんには、自分のやりたい仕事についての悩みと、恋人との関係についての悩みが混在しています。このケースを通して、人生の岐路においていくつかの選択肢を前にしたとき、自分にとって何が一番大切なのかを考え、議論することができます。また、Ａさんの立場だけでなくＢくんの立場も考えることで、性差による考え方の違いや、意見をうまく伝え合うコミュニケーションについても話し合うことができます。

ケース37「家族の期待と自分のしたいことのはざまで」

Ａさんは、自分の国で家族の会社を継ぐことになっていて、そのために日本の大学で経済学を勉強しています。しかし、最近、卒業後の進路について悩んでいます。お父さんの指示通りイギリスでMBAを取るか、自分の夢を追って、アメリカでスポーツマネージメントの専門大学院に行くか、決断しなくてはいけません。家族や会社への責任を子どものころから考えてきたＡさんは、自分の夢と家族への責任のはざまにいます。

家族からの期待と自分の夢が必ずしも一致しないことは、誰しも多かれ少なかれ経験していることでしょう。夢とは何か、自分の進むべき道とは何か、自分の道を決断するためには、何をどうすればいいのか、などが論点となるでしょう。

家族と自分の関係性を振り返り、自分の将来について思いを馳せながら、決断へ向け具体的なプロセスを考えていくことで、問題を解決するためのいくつかのヒントに出会うことができるでしょう。

ケース 38 「ちゃんとした仕事をさせてくれない」

会社員のＡさん（女性）は、日本の大学を卒業後、帰国せずに日本で就職しました。Ａさんは総合職であるにもかかわらず、１年経《た》った今でもやりがいのある仕事に関われないことに、不満を抱いています。

このケースを通して、キャリアデザインの実現について考えることができます。まず、Ａさんが現在の会社を選んだ理由や、どんな仕事をしたいのかを考えます。そして、Ａさんのストレスの原因を考えます。課長から指示される仕事内容、同期入社の男性社員との扱いの違い、自分の強みが評価されていないことへのいら立ち、上昇志向の感じられない同期入社の女性社員への落胆などがＡさんのストレスを増幅させています。こうした状況を理解した上で、Ａさんの問題点を検討し、Ａさんがこの会社で、自己実現を果たしていくにはどうすればよいかを考えます。仕事をした経験のない学生の場合は、社会に出る準備として話し合うことに意義があるでしょう。しかし、このケースを通して「日本の企業文化」を固定的に捉えることがないよう配慮する必要があります。

ケース 39 「職場の人間関係」

会社員のＡさんは営業部に勤めて８年になりますが、最近は職場の人間関係が希薄で、仲間意識に欠けると感じ不満に思っています。Ａさんは、社員の親睦を目的とする社内運動会の営業部のリーダーを引き受けて、事前練習を計画しましたが、後輩の協力が得られず、人間関係も悪化させてしまいました。

このケースでは、職場での親しい人間関係や仲間意識とは何か、職場の人間関係作りに社員親睦のための職場行事や就業時間後の付き合いは必要かといったことが論点となります。まず、Ａさんの言動が空回り気味である様子を捉えた上で、Ａさんが上下関係の理解や仲間意識といった感覚を日本人の常識として捉えている様子や、後輩を理解しようという様子がないまま、自らの経験をただ押し付けていることなどに気づきを得られるように話し合いを進めます。このケースを通して、職場での人間関係とその構築の意味について考えることができるほか、仕事とプライベートの線引きや働くことの意味について話すことができるでしょう。

ケース 40 「友だち申請が断れなくて」

入社２年目の会社員のＡさんは、学生時代の友人とのSNSでのコミュニケーションを楽しんでいました。ある日上司であるＢ課長からSNSの友だち申請が来ましたが、気が進まずそのままにしておきました。ところが、職場でもＢ課長に催促され、しかたなく承認しました。しかし、その後、ＡさんがSNSに投稿した記事にＢ課長がコメントや読んだしるしをつけるようになりました。Ａさんは、Ｂ課長にプライベートも監視されているような感じがして、SNSが楽しめなくなってきました。Ａさんは、学生時代の友人との交流の場であるSNSをやめるべきか悩んでいます。

最近、多くの人がSNSに登録し、友人との交流に活用しています。しかし、そういったネットでの交流には、様々な問題があります。このケースを通して、ネットでのコミュニケーションの功罪について考えることができます。また、友人間で起こるSNSでのトラブルに対し、どのように対処すべきかを考えることもできます。その他、「公私」の範囲について考えることもできるでしょう。

ケース20「誘いを断っても大丈夫？」（小レポート）

名前

1. Aさんのこれまでの言動《げんどう》に問題があったと思いますか。それはどんな問題ですか。Aさんはどのように行動したほうがよかったと思いますか。それはなぜですか。

2. Aさんは、これからどうしたらいいと思いますか。それはどうしてですか。

3. あなたがケース20の活動を通じて、気づいたこと、考えたこと、学んだことは何ですか。

4. あなたがケース20の活動を通じて、新しく覚えたことばや表現、これから使ってみたいことばや表現があったら、書いてください。

宮﨑七湖（みやざき ななこ）　新潟県立大学　国際地域学部　准教授
江後千香子（えご ちかこ）　早稲田大学　日本語教育研究センター　非常勤講師
武一美（たけ かずみ）　早稲田大学　日本語教育研究センター　非常勤講師
田中敦子（たなか あつこ）　慶應義塾大学　日本語・日本文化教育センター　非常勤講師
中山由佳（なかやま ゆか）　山梨学院大学　グローバルラーニングセンター　特任准教授
村上まさみ（むらかみ まさみ）　早稲田大学　日本語教育研究センター　非常勤講師

留学生のための
ケースで学ぶ日本語
問題発見解決能力を伸ばす

2016年4月 3日　初版第1刷発行
2025年1月31日　初版第5刷発行

編著者……………………………宮﨑七湖
著　者……………………………江後千香子・武一美・田中敦子・中山由佳・村上まさみ
発行者……………………………吉峰晃一朗・田中哲哉
発行所……………………………株式会社ココ出版
〒162-0828 東京都新宿区袋町25-30-107
電話　03-3269-5438
ファクス　03-3269-5438

装丁・組版設計・イラスト……岡村伊都
印刷・製本………………………亜細亜印刷株式会社

定価はカバーに表示してあります
ISBN978-4-904595-77-0

ビジネスコミュニケーションのためのケース学習
職場のダイバーシティで学び合う【教材編】

近藤彩・金孝卿・ムグダ ヤルディー・福永由佳・池田玲子 著
ISBN 978-4-904595-37-4　1,600円＋税

ビジネスコミュニケーションのためのケース学習
職場のダイバーシティで学び合う【教材編 2】

近藤彩・金孝卿・池田玲子 著
ISBN 978-4-86676-018-6　1,600円＋税

ビジネスコミュニケーションのためのケース学習
職場のダイバーシティで学び合う【解説編】

近藤彩 編著　金孝卿・池田玲子 著
ISBN 978-4-904595-28-2　1,600円＋税

上級・超級日本語学習者のための
考える漢字・語彙　上級編
八木真生・早川幸子・中村朱美 著
ISBN 978-4-904595-60-2　2,000円＋税

上級・超級日本語学習者のための
考える漢字・語彙　超級編
藤田佐和子 著
ISBN 978-4-904595-61-9　2,400円＋税